환자를 위한 불교 기도집

불광출판부

환자를 위한 불교기도집

나눌 수 있는 가장 순수한 사랑

삼보님전 귀의하옵고

청아한 새 소리와 함께 정토에 아침 해가 밝아옵니다. 21세기에 접어들며 불교 병원 포교에 차츰 불교인들의 많은 관심과 참여가 늘고 있습니다. 부처님의 가르침을 배우고 아는 것에 그치지 않고 보살의 자비심으로 부처님 가르침을 행으로 실천하고자 애쓰는 불자들이 점점 많아지고 있다는 것은 참으로 다행스러운 일입니다.

하지만 불교인들의 마음에 자비의 씨앗이 봄날 새싹처럼 움트고 있는 상황에서도 환자와 그 가족을 대상으로 한 병원 포교가 미흡한 불교의 현실로 인하여 병원 포교 활동에 많은 어려움이 따르고 있습니다.

구체적인 포교 방법은 물론이고, 환자와 그 가족들을 위한 영적 지지에 필요한 자료나 의식집이 아직까지 체계적으로 정리되지도 않았고, 지침서도 전무한 실정입니다. 병원포교에 나서는 많은 불교인들이 현장에서 봉사의 의욕을 상실하고 그나마 이웃을 향해 내딛던 발걸음을 다시 되돌려 버리는 안타까운 현실인 것입니다.

3

이에 책을 펴내기에는 너무나 부족하고 미흡한 줄 알면서도 병원 포교 일선에 계시는 많은 분들께 조금이라도 도움이 될까 하여 그 동안 병원포교를 하면서 호스피스 환자를 대상으로 사용되어온 작은 기도집을 다시 새롭게 편집하고 부족한 부분은 보완하여 불교 호스피스 자원봉사자들을 위한 전문 기도집으로 엮었습니다. 아울러 기도를 통하여 간절한 마음의 소리로 환자와 그 가족들에게 용기와 희망을 심어 줄 수 있게 되기를 기원하며 기도문 속에 제 작은 발원도 함께 담았고, 본문 내용 중 한글 아미타경과 바르도 기도문은 대원사 현장 스님 번역본임을 밝혀둡니다.

더 이상 치유될 수 없는 질병으로 준비 없는 죽음 앞에서 방황하는 환자들과 그 가족들의 아픔을 생각하면 지금 이 순간에도 마음이 아립니다. 이 기도집이 자비의 자원봉사자들에게 자그마한 힘이 되어 환자들로 하여금 죽음이 곧 삶의 끝이 아니라 또 다른 삶의 시작임을 기도를 통하여 확신할 수 있도록 지지해주고, 투병 중에 있는 환자들과 가족들의 고통과 슬픔을 완화시켜 줄 수 있는 지침서가 될 수 있기를 바랍니다.

한편 이 기도집의 내용 중 여러 가지 기도문들은 7년간의 호스피스 활동을 통하여 환자들과 함께 해오며 느껴왔던 고통과 아픔 그리고 간절히 기원했던 마음의 기도들을 기도송으로 엮어놓았습니다. 소리 내어 기도할 수 있는 불교인들이 그렇게 많지 않으므로 은은한 목소리와 간절한 마음을 담아 기도문을 염송할 수 있도록 지속적인 연습이 필요할 것입니다.

모쪼록 이 기도집의 내용을 잘 살피시어 환자를 위한 모든 의식을 거룩하고 엄숙하게 진행하셨으면 합니다. 그래야 환자와 그 가족들에게 마음의 평안과 믿음의 확신을 충만하게 줄 수 있습니다.

불교 호스피스 봉사자 및 일반병원 자원봉사자 여러분들의 작은 움직임 하나하나는 인간이 나눌 수 있는 가장 순수한 사랑입니다. 그 사랑을 통해 나만의 삶에서 나아가 나눔의 아름다운 삶을 구현하는 것입니다. 내 삶 속에 아름다운 정원을 만들고 가꾸어 자비의 꽃을 피우며, 그 향기는 헌신의 노래가 되어 병든 사람들의 고통과 슬픔을 함께 나누는 큰 사랑이 될 것입니다. 병든 사람들의 고통과 슬픔을 나누면 나눌수록 세상은 맑고 향기로울 것이며 여러분들의 삶 또한 아름다움으로 이어질 것입니다.

생명을 잉태하는 헌신적인 어머니의 사랑으로 환자와 그 가족들의 좋은 친구, 넉넉한 이웃이 되어 주시는 여러분들에게 이 기도집을 전합니다.

병들고 가난하여 고통 받는 사람들에게 부처님의 한량없으신 자비가 충만하여지이다. 나무아미타불

불기 2546년 겨울
능행 합장

나의 기도

자애로우신 미소로 늘 내 마음속에 머물고 계신 부처님
오늘도 저는 온통 고통 중에 있는 사람들 속에 서 있습니다.
웃는 사람, 우는 사람, 화내는 사람, 온 몸으로 죽음을 거부하며
몸부림치는 그들의 틈 속에 나도 하나 되어 있습니다.
모든 것이 부족하고 보잘 것 없는 저를
가장 고통스러운 그들을 위한 도구로써
그분들의 고통에 동참할 수 있도록 인도하여 주신 부처님
당신의 한없는 자비와 크신 은혜에 두 손을 모읍니다.
제 작은 움직임이 그 분들에게 기쁨과 희망이 될 수 있다면
저는 한없이 기뻐하고 감사하겠습니다.

부처님!
사생의 어버이신 거룩한 부처님께 간절히 비옵니다.
저의 말 한 마디
저의 작은 움직임 하나

저의 어설픈 사랑 한 움큼마저도

그분들에게 생명의 감로수가 되게 하시고

그늘진 마음에 따사로운 햇살 되게 하시고

내 작은 가슴 그들에게 따뜻한 언덕이 되게 하소서.

질병으로 인하여 고통과 슬픔, 절망과 두려움 속에서 방황하는

그들의 마음속에 당신의 자비가 깃들게 하시고

고통 중에서도 사랑을 얻게 하소서.

나의 모든 행위는 인내와 사랑으로 이루어지게 하시며

내 마음 닿는 곳마다 그들의 상처 아물게 하소서.

저의 육체적 피곤함과 정신적인 긴장까지도

병 중에 있는 그들의 회복과 평화로움을 위하여

아낌없이 회향하나이다.

나에게 주신 소임에 날마다 감사하며

헌신과 인내로써 조건 없는 사랑 배우고 나누며 정진하겠나이다.

부처님이시여,

늘 부족하기만한 제 곁에 함께하여 주소서…

나무 아미타불.

감사 기도송

부처님의 무한한 사랑 나에게 흘러들어와
나는 평안하다
나는 행복하다
나는 건강하다
나는 원만하다
〔합장하고 고요한 마음으로 부처님을 생각하면서…
기도성취할 때까지〕

부처님의 무한한 생명의 빛 나에게 흘러 들어와
나를 건강하게 하신다.

부처님의 무한한 지혜 나에게 흘러 들어와
나를 원만하게 하신다.

부처님의 무한한 생명의 공덕수 나에게 흘러 들어와
나를 충만하게 하신다.

부처님의 무한한 능력 나에게 흘러 들어와
나를 건강하게 하신다.

부처님의 무한한 자비 나에게 흘러 들어와
나를 기쁨으로 충만하게 하신다.

부처님 감사합니다! 조상님 감사합니다!
부모님 감사합니다. 모든 사람들에게 감사합니다.

천지만물의 은혜에 감사합니다! 감사합니다!

〔끝없는 마음으로 백천만 번 염송합니다.〕

차 례

제1장

독송요집

정토예경 자비수참

버들가지　관음손길　뿌리나니　맑은물아
꽃잎마다　이슬젖듯　온누리에　내리소서
나없어라　공덕의물　죽음마저　되살리니

아귀마음　사라지네　산같은죄　흔적없네
탐진치라　거센불길　연꽃으로　피어지다

달고맑은　자비감로수　본디있던　공덕의바다
찌든업장　씻어주시사　극락세계　나게하소서

어둔업에　갇힌이내몸　아미타불　거둬주소서
이내소원　오직이것뿐　아미타불　거둬주소서

시방삼세　모든부처님　한몸이룬　아미타불께
몸과말과　이마음바쳐　한결같이　비옵나이다

깊고묘한　정토수행법　물흐르듯　다이루어서
연꽃나라　극락정토에　태어나게　가피하소서

나·무·아·미·타·불

정토발원문(淨土發願文)

- 대중과 함께 독송 -

자비광명	베푸시어	염불중생	제도하는
우리스승	아미타불	찬탄하고	찬탄하리
밀려오는	무량자비	인연중생	해탈얻네
대자대비	아미타불	찬탄하고	찬탄하리

이와같은	염불공덕	극락가는	양식되어
온갖은혜	두루갚고	모든죄업	다없애리
내모습을	보는이는	염불발심	모두내어
중생의몸	마치올제	극락세계	함께나리

연꽃나라	서방정토	나의부모	구품연화
송이송이	필적마다	아미타불	바로뵙고
바른진리	문득깨쳐	보살들이	벗이되니

욕심변해　자비되고　번뇌변해　지혜되네

시방삼세　부처님네　셀수없이　많다해도
으뜸일세　아미타불　중생제도　연꽃나라
삼독죄업　참회하고　귀의하리　귀의하리
크고작은　선행공덕　극락세계　빛이되리

원합니다　나와함께　염불하온　벗님네들
지난죄업　참회하고　왕생발원　하옵소서
서쪽하늘　합장하고　아미타불　염불하면
임종할때　아미타불　손내밀어　반겨주리

연꽃속에　몸을받아　극락정토　함께나면
아미타불　미소속에　나고죽음　사라지고
번뇌바다　영영끊고　법문바다　다배우고
부처님을　이루어서　중생바다　건지리라

허공계가 다하여도 끝없어라 이내소원
중생계가 다하여도 끝없어라 이내소원

염불
나무 서방대교주 무량수여래불
「나무 아미타불…」(나무 아미타불을 적어도 오백 명호
를 올리고 힘을 따라 일천 명호, 일만 명호를 올린다.)

아미타불 본심미묘진언
「다냐타 옴 아리다라 사바하」(3번)

절합니다 금빛땅   반겨맞는 아미타
원합니다 이내몸   슬피여겨 주소서

나·무·아·미·타·불

마하반야바라밀다심경

관자재보살　행심반야바라밀다시　조견오온개공
觀自在菩薩　　行深般若波羅蜜多時　照見五蘊皆空

도일체고액 사리자 색불이공 공불이색 색즉시공
度一切苦厄　舍利子　色不異空　空不異色　色卽是空

공즉시색 수상행식 역부여시 사리자 시제법공상
空卽是色　受想行識　亦復如是　舍利子　是諸法空相

불생불멸 불구부정 부증불감 시고 공중무색 무
不生不滅　不垢不淨　不增不減　是故　空中無色　無

수상행식 무안이비설신의 무색성향미촉법 무
受想行識　無眼耳鼻舌身意　無色聲香味觸法　無

안계 내지 무의식계 무무명 역무무명진 내지 무노
眼界　乃至　無意識界　無無明　亦無無明盡　乃至　無老

사 역무노사진 무고집멸도 무지역무득 이무소득
死　亦無老死盡　無苦集滅道　無智亦無得　以無所得

고 보리살타 의반야바라밀다고 심무가애 무가애
故　菩提薩埵　依般若波羅蜜多故　心無罣碍　無罣碍

22

고 무유공포 원리전도몽상 구경열반 삼세제불
故 無有恐怖 遠離顚倒夢想 究竟涅槃 三世諸佛

의반야바라밀다 고득아뇩다라삼막삼보리 고지반야
依 般若波羅蜜多 故得阿耨多羅三藐三菩提 故知般若

바라밀다 시대신주 시대명주 시무상주 시무등등주
波羅 蜜多 是大神呪 是大明呪 是無上呪 是無等 等呪

능제일체고 진실불허 고설반야바라밀다주 즉설주왈
能除一切苦 眞實不虛 故說般若波羅 蜜多呪 卽 說呪曰

「아제 아제 바라아제 바라승아제 모지사바하」 (3번)

대다라니

정구업진언

「수리 수리 마하수리 수수리 사바하」 (3번)

오방내외안위제신진언

「나무 사만다 못다남 옴 도로도로 지미 사바하」
(3번)

개경계

가장높고　미묘하고　깊고깊은　부처님법
백천만겁　지나도록　만나뵙기　어려워라
제가이제　다행히도　보고듣고　지니오니
부처님의　진실한뜻　모두알게　하옵소서

개법장진언

「옴 아라남 아라다」 (3번)

나모라 다나다라 야야 나막 알약 바로기제 새바라
야 모지사다바야 마하 사다바야 마하가로 니가야
옴 살바 바예수 다라나 가라야 다사명 나막 가리
다바 이맘 알야 바로기제 새바라 다바 니라간타
나막 하리나야 마발다 이사미 살발타 사다남 수반
아예염 살바 보다남 바바말아 미수다감 다냐타 옴
아로계 아로가 마지로가 지가란제 혜혜하례 마하
모지 사다바 사마라 사마라 하리나야 구로구로 갈
마 사다야 사다야 도로도로 미연제 마하미연제 다
라다라 다린나례 새바라 자라자라 마라 미마라 아
마라 몰제 예혜혜 로계 새바라 라아 미사미 나사
야 나베 사미사미 나사야 모하자라 미사미 나사야
호로호로 마라호로 하례 바나마 나바 사라사라 시
리시리 소로소로 못쟈못쟈 모다야 모다야 매다리
야 니라간타 가마사 날사남 바라하라나야 마낙 사
바하 싯다야 사바하 마하싯다야 사바하 싯다유예

25

새바라야 사바하 니라간타야 사바하 바라하 목카
싱하 목카야 사바하 바나마 하따야 사바하 자가라
욕다야 사바하 상카섭나네 모다나야 사바하 마하
라 구타다라야 사바하 바마사간타 이사 시체다 가
릿나 이나야 사바하 먀가라 잘마 이바 사나야 사
바하

「나모라 다나다라 아야 나막알야 바로기제 새바
라야 사바하」(3번)

발원이귀명례삼보

시방에 항상계신 부처님께 귀의합니다.
시방에 항상계신 가르침에 귀의합니다.
시방에 항상계신 스님들께 귀의합니다.

십념(十念)

청정법신 비로자나불
清淨法身 毘盧遮那佛

원만보신 노사나불
圓滿報身 盧舍那佛

천백억화신 석가모니불
千百億化身 釋迦牟尼佛

구품도사아미타불
九品導師阿彌陀佛

당래하생미륵존불
當來下生彌勒尊佛

시방삼세일체제불
十方三世一切諸佛

시방삼세일체존법
十方三世一切尊法

대지문수사리보살
大智文殊師利菩薩

대행보현보살
大行普賢菩薩

대비관세음보살
大悲觀世音菩薩

대원본존지장보살
大願本尊地藏菩薩

제존보살마하살
諸尊菩薩摩訶薩

마하반야바라밀
摩訶般若波羅蜜

한글 아미타경 송경의식

열리소서,   정토의 빛이여!

석가세존   설법하고   육방제불   찬탄하신
아미타경   인연맺어   받아지닌   이내기쁨
아미타불   원력으로   관음세지   벗이되고
사대천왕   살펴주고   팔부금강   지켜주니

제가이제   절하옵고   크나큰원   세웁니다.
아미타경   항상지녀   깊은은혜   모두갚고
고해중생   다건지리   나를보는   사람마다
염불발심   모두내어   함께극락   나지이다.

번뇌의몸   바치오니   금강의몸   주옵소서
어둔죄업   바치오니   자비마음   주옵소서
이기심을   바치오니   보리심을   주옵소서

왕생발원 하옵나니 길을밝혀 주옵소서

어둔 업보, 밝아져라
「옴 . 아 . 훔 나무 아미타바야」 (7번)

행복하소서 저 모든 중생
「나무 사만다 못다남 옴 도로도로 지미 사바하」 (3번)

길을 엽니다 열반 가는 길
위가없는위 끝이없는끝 미묘하여라 부처님말씀
천겁이가고 만겁이가도 기약없는빛 열반가는길
님의가르침 내빛이되니 무슨복일까 믿기지않네
날로즐거워 다른원없네 님의가르침 밝히는일뿐

법계여, 맑아지이다
「옴 아라남 아라다」 (3번)

향의 구름, 법계 끝까지
향로에 향을 올리니 법계에 향기가 진동
부처님 회상에 퍼지어 곳곳마다 상서로운 구름
저희들 정성이 지극하오니
부처님이여! 함께 하소서
「나무 연지해회 불보살」 (3번)

사천왕이여, 살펴주소서!

청합니다 동방세계 지켜주는 지국천왕
(중생에게 기쁨을 주려는 마음이 일어난다)

청합니다 서방세계 지켜주는 광목천왕
(중생의 괴로움을 없애주려는 마음이 일어난다)

청합니다 남방세계 지켜주는 증장천왕
(중생의 기쁨을 함께 하는 마음이 일어난다)

청합니다 북방세계 지켜주는 다문천왕
(중생을 평등하게 보는 마음이 일어난다)

팔금강이여, 함께 하소서!

청합니다　묵은재앙　없애주는　청제재 금강!
청합니다　질병고통　없애주는　벽독 금강!
청합니다　모든소원　이뤄주는　황수구 금강!
청합니다　번뇌마음　쉬게하는　백정수 금강!
청합니다　자비심이　생겨나는　적성화 금강!
청합니다　슬픈마음　없애주는　정지재 금강!
청합니다　깨달음이　이뤄지는　자현 금강!
청합니다　보리심이　싹이트는　대신 금강!

장엄염불(莊嚴念佛)

신원적 ○ ○ ○ 영가시여

어떤사람　평생동안　죄업지어도

임종시에　정신차려　염불하거나

설사참회　못하고서　죽었더라도

자손이　　일념으로　염불한다면

죄업은　　소멸하고　극락에나니

금일대중　영가위해　무상묘법과

아미타불　크신성호　일컬으리니

자세히　　들으소서

원아진생무별념　　아미타불독상수
願我盡生無別念　　阿彌陀佛獨相隨

심심상계옥호광　　염념불리금색상
心心常係玉毫光　　念念不離金色相

아집염주법계관　　허공위승무불관
我執念珠法界觀　　虛空爲繩無不貫

평등사나무하처　　관구서방아미타
平等舍那無何處　　觀求西方阿彌陀

나무서방대교주　　무량수여래불
南無西方大敎主　　無量壽如來佛

「나무 아미타불 (10번 이상)
南無 阿彌陀佛

아미타불재하방　　착득심두절막망
阿彌陀佛在何方　　着得心頭切莫忘

염도염궁무념처　　육문상방자금광
念到念窮無念處　　六門常放紫金光

천상천하무여불　　시방세계역무비
天上天下無如佛　　十方世界亦無比

세간소유아진견 　 일체무유여불자
世間所有我盡見 　 一切無有如佛者

삼계유여급정륜 　 백천만겁역미진
三界猶如汲井輪 　 百千萬劫歷微塵

차신불향금생도 　 갱대하생도차신
此身不向今生度 　 更待何生度此身

극락세계 십종장엄

법장서원수인장엄 　 사십팔원원력장엄
法藏誓願修因莊嚴 　 四十八願願力莊嚴

미타명호수광장엄 　 삼대사관보상장엄
彌陀名號壽光莊嚴 　 三大士觀寶像莊嚴

미타국토안락장엄 　 보하청정덕수장엄
彌陀國土安樂莊嚴 　 寶河清淨德水莊嚴

보전여의누각장엄 　 주야장원시분장엄
寶殿如意樓閣莊嚴 　 晝夜長遠時分莊嚴

이십사락정토장엄　삼십종익공덕장엄
二 十 四 樂 淨 土 莊 嚴　三 十 種 益 功 德 莊 嚴

청산첩첩미타굴　창해망망적멸궁
靑 山 疊 疊 彌 陀 窟　滄 海 茫 茫 寂 滅 宮

물물염래무가애　기간송정학두홍
物 物 拈 來 無 罣 碍　幾 看 松 亭 鶴 頭 紅

산당정야좌무언　적적요요본자연
山 堂 靜 夜 坐 無 言　寂 寂 寥 寥 本 自 然

하사서풍동임야　일성한안려장천
何 事 西 風 動 林 野　一 聲 寒 雁 唳 長 天

사대각리여몽중　육진심식본래공
四 大 各 離 如 夢 中　六 塵 心 識 本 來 空

욕식불조회광처　일락서산월출동
欲 識 佛 祖 回 光 處　日 落 西 山 月 出 東

십념왕생원　왕생극락원
十 念 往 生 願　往 生 極 樂 願

상품상생원　광도중생원
上品上生願　廣度衆生願

원공법계제중생　동입미타대원해
願共法界諸衆生　同入彌陀大願海

진미래제도중생　자타일시성불도
盡未來際度衆生　自他一時成佛道

나무서방정토 극락세계 삼십육만억 일십일만구
南無西方淨土 極樂世界 三十六萬億 一十一萬九

천오백 동명동호 대자대비 아미타불
千五百 同名同號 大慈大悲 阿彌陀佛

나무서방정토 극락세계 불신장광 상호무변
南無西方淨土 極樂世界 佛身長廣 相好無邊

금색광명 변조법계 사십팔원
金色光明 遍照法界 四十八願

도탈중생 불가설 불가설전 불가설 항하사
度脫衆生 不可說 不可說轉 不可說 恒河沙

불찰미진수 도마죽위 무한극수 삼십육만억
佛刹微塵數　稻麻竹葦　無限極數　三十六萬億

일십일만 구천오백 동명동호 대자대비
一十一萬　九千五百　同名同號　大慈大悲

아등도사 금색여래 아미타불
我等導師　金色如來　阿彌陀佛

나무문수보살 나무보현보살
南無文殊菩薩　南無普賢菩薩

나무관세음보살 나무대세지보살
南無觀世音菩薩　南無大勢至菩薩

나무금강장보살 나무제장애보살
南無金剛藏菩薩　南無除障碍菩薩

나무미륵보살 나무지장보살
南無彌勒菩薩　南無地藏菩薩

나무일체청정 대해중보살마하살
南無一切淸淨　大海衆菩薩摩訶薩

원공법계제중생　동입미타대원해
願共法界諸衆生　同入彌陀大願海

시방삼세불　아미타제일　구품도중생
十方三世佛　阿彌陀第一　九品度衆生

위덕무궁극　아금대귀의　참회삼업죄
威德無窮極　我今大歸依　懺悔三業罪

범유제복선　지심용회향　원동염불인
凡有諸福善　至心用廻向　願同念佛人

왕생극락국　견불요생사　여불도일체
往生極樂國　見佛了生死　如佛度一切

원아임욕명종시　진제일체제장애
願我臨欲命終時　盡除一切諸障碍

면견피불아미타　즉득왕생안락찰
面見彼佛阿彌陀　卽得往生安樂刹

원이차공덕　보급어일체　아등여중생
願以此功德　普及於一切　我等與衆生

당생극락국 동견무량수 개공성불도
當生極樂國 同見無量壽 皆共成佛道

원하오니 시방법계 한량없는 모든중생

아미타불 원력세계 모두함께 들어가서

미래세가 다하도록 모든중생 제도하고

너도나도 모두함께 성불도를 이루리다.

영가(靈駕)시여!

영가시여　저희들이　일심으로　염불하니
무명업장　소멸하고　반야지혜　드러내어
생사고해　벗어나서　해탈열반　성취하사
극락왕생　하옵시고　모두성불　하옵소서

사대육신　의지하여　한세상을　살았지만
결국에는　사라지니　허망하기　그지없네
이육신에　집착말고　참된도리　깨달으면
모든고통　벗어나고　부처님을　친견하리

인연따라　모인것은　인연따라　흩어지니
나는것도　인연이요　돌아감도　인연이라
살아생전　애착하던　사대육신　무엇인고

한순간에　숨거두니　주인없는　목석일세
몸뚱이를　가진자는　그림자가　따르듯이
일생동안　살다보면　죄없다고　말못하리
이승저승　오가면서　탐진치로　쌓은죄업
대원력을　발하여서　생사윤회　벗어나리

죄의실체　본래없어　마음따라　생기나니
마음씀이　없어질때　죄업역시　사라지네
죄란생각　없어지고　마음또한　텅비워서
무념처에　도달하면　참회했다　말하리라

한마음이　청정하면　온세계가　청정하니
모든업장　참회하여　청정하게　돌아가면
어느곳에　태어나도　어떤몸을　받더라도
영가님이　가시는길　광명으로　가득하리
가시는길　천리만리　극락정토　어디인가
번뇌망상　없어진곳　그자리가　극락이니

삼독심을   버리고서   부처님께   귀의하면
무명업장   벗어나서   극락세계   왕생하리

모든것은   무상하여   생한자는   필멸이라
태어났다   죽는것은   모든생명   정한이치
모여졌다   흩어지고   흩어졌다   모여지고
맺고쌓은   인연따라   생사윤회   돌고도네

일가친척   많이있고   부귀영화   높았어도
죽는길엔   누구하나   힘이되지   못한다네
임금으로   태어나서   온천하를   호령해도
결국에는   죽는것을   영가님은   모르는가

태어났다   죽는것은   중생계의   흐름이라
이곳에서   가시면은   저세상에   태어나니
오는듯이   가시옵고   가는듯이   오신다면
이육신의   마지막을   걱정할것   없다하리

맺고쌓은　모든감정　가시는길　짐되오니
염불하는　인연으로　남김없이　놓으소서
미웠던일　용서하고　탐욕심을　버려야만
청정하신　마음으로　불국정토　가시리다

본마음은　고요하여　옛과지금　없다하니
태어남은　무엇이고　돌아감은　무엇인가
삿된마음　멀리하고　미혹함을　벗어나야
반야지혜　이루시고　왕생극락　하오리다

부처님이　관밖으로　양쪽발을　보이셨고
달마대사　총령으로　짚신한짝　메고갔네
이와같이　높은도리　영가님이　깨달으면
생과사를　넘었거늘　그무엇을　슬퍼하랴

뜬구름이　모였다가　흩어짐이　인연이듯
중생들의　생과사도　인연따라　나타나니

좋은인연 간직하고 나쁜인연 버리시면
이다음에 태어날때 좋은세상 만나리다

사대육신 흩어지고 업식만을 가져가니
탐욕심을 버리시고 미움또한 거두시며
사견마저 버리시어 청정해진 마음으로
부처님의 품에안겨 왕생극락 하옵소서

돌고도는 생사윤회 자기업을 따르오니
오고감을 슬퍼말고 환희로써 발심하여
무명업장 밝히시어 무거운짐 모두벗고
삼악도를 뛰어넘어 극락세계 가옵소서

영가시여 어디에서 이세상에 오셨다가
가신다니 가시는곳 어디인줄 아시는가
이세상에 처음올때 영가님은 누구셨고
사바일생 마치시고 가시는이 누구신가

물이얼어　얼음되고　얼음녹아　물이되듯
이세상의　삶과죽음　물과얼음　같사오니
육친으로　맺은정을　가벼웁게　거두시고
청정해진　업식으로　극락왕생　하옵소서

영가시여　사바일생　다마치는　임종시에
지은죄업　남김없이　부처님께　참회하고
한순간도　잊지말고　부처님을　생각하면
가고오는　곳곳마다　그대로가　극락이리

겹겹싸인　푸른산은　부처님의　도량이요
맑은하늘　흰구름은　부처님의　발자취며
뭇생명의　노래소리　부처님의　설법이고
대자연의　고요함은　부처님의　마음이리

불심으로　바라보면　온세상이　불국토요
범부들의　마음에는　불국토가　사바로다

46

애착하던　사바일생　하룻밤의　꿈과같고
나다너다　모든분별　본래부터　공이어라

빈손으로　오셨다가　빈손으로　가시거늘
그무엇을　애착하고　그무엇을　슬퍼하나
그무엇에　집착해서　훌훌털지　못하는가
그무엇에　얽매여서　극락왕생　못하시나

저희들이　일심으로　독송하는　진언따라
이생에서　못다이룬　미련집착　버리시고
맺은원결　모두풀고　지옥세계　무너져서
아미타불　극락세계　상품상생　하옵소서

파지옥진언

「옴 가라지야 사바하」(3번)

해원결진언

「옴 삼다라 가다약 사바하」(3번)

「옴 마리다리 훔훔 바탁 사바하」(3번)

저희들이　지성으로　합장하고

머리숙여　부처님께　원하오니

대자비를　내리시어　○○영가

극락왕생　하시도록　굽어살펴 주옵소서

원왕생 원왕생 왕생극락견미타 획몽마정수기별
願往生　願往生　往生極樂見彌陀　獲蒙摩頂受記別

원왕생 원왕생 원재미타회중좌 수집향화상공양
願往生　願往生　願在彌陀會中坐　手執香火常供養

원왕생 원왕생 왕생화장연화계 자타일시성불도
願往生 願往生 往生華藏蓮花界　自他一時成佛道

나무 아미타불

천도의 노래

아미타불 심주 (간절하게 염송한다)

「옴 아미데와 슈릿이란」

– 아미타 부처님의 큰 자비와 원력에 의지하여 중생들의 행복과 영가의 왕생 극락을 기원하는 자비 만트라이다. 위 만트라를 노래하면 두려움이 사라지고 자비심이 깊어진다.

광명진언

「옴 아모카 바이로차나 마하 무드라 마니 파드마 스바라 프라바릍타야 훔」

– 광명진언은 십악업과 오역죄를 지은 사람이 두 서너 번 듣기만 하여도 죄업이 모두 소멸한다고 한다. 또 십악업 오역죄를 많이 지은 인과로 죽어서 지옥에 떨어졌더라도 깨끗한 모래에 이 진언을 외워 그 모래를 죽은 이의 시체나 무덤에 흩어주면 모든 죄가 소멸되어 극락세계에 왕생한다.

광명모래 만드는 법

깨끗하고 고운 모래를 필요한 만큼 준비한다.

① 모래를 채로 곱게 친다.

② 모래를 물로 아홉 차례 씻어 말린다.

③ 씻어 말릴 때마다 광명진언을 108번씩 한다.

④ 씻어 말린 모래를 깨끗한 항아리에 담아 두었다가 필요할 때 사용한다.

- 한식, 칠월 백중절, 명절 때 산소나 납골탑묘 주변에 뿌려 드리면 좋다.

- 임종할 때도 광명진언 염송을 많이 해드리면 환자가 무척 편안해 한다. 정신이 맑아져 집중이 잘 되므로 염불 일념할 수 있게 된다.

- 장례식 중에도 열심히 염송하고 49재 동안 광명진언 사경도 하고 영가를 위하여 광명진언 염송을 많이 하면, 불자님의 삶은 밝아지고 진언염송 공덕으로 영가님은 악업이 소멸되어 서방정토에 태어난다.

정토 진언 염송문

무량수 불설왕생 정토주

「나무 아미다바야 다타가다야 다디야타
아미리 도바비 아미리다 삿답바비
아미리다 비가란제 아미리다 비가란다
가미니 가가나 깃다가례 사바하」

불설소재길상다라니

「나무 사만다 못다남아바라지 하다사
사다남 다냐타 옴카카 카혜 카혜 훔훔
아바라 아바라 바라 아바라 바라
아바라 지따 지따 지리지리 빠다빠다
선지가 시리에 사바하」

광명진언

「옴 아모카 바이로차나 마하무드라
마니 파드마 즈바라 프라바를타야 훔」

파지옥진언

「옴 가라지야 사바하」

해원결진언

「옴 삼다라 가다약 사바하」

아미타불 본심미묘진언

「다냐타 옴 아리다라 사바하」
〔아미타불 심주 「옴 아미 데와 슈릿」〕

관세음보살 멸업장진언

「옴 아로늑계 사바하」

지장보살 멸업장진언

「옴 바라마니 다니 사바하」

선망부모 왕생정토진언

「나무 사만다 못다남 옴 숫제유리 사바하」

항마진언

「옴 소마니 소마니 훔, 하리한나
하리한나 훔 하리한나 바나야 훔,
아나야 혹 바아밤 바아라 훔 바탁」

약인욕요지	삼세일체불
若人欲了知	三世一切佛

응관법계성	일체유심조 (3번)
應觀法界性	一切唯心造

제법종본래	상자적멸상
諸法從本來	常自寂滅相

불자행도이　　내세득작불 (3번)
佛子行道已　　來世得作佛

제행무상　시생멸법
諸行無常　是生滅法

생멸멸이　적멸위락 (3번)
生滅滅已　寂滅爲樂

원아진생무별념　아미타불독상수
願我盡生無別念　阿彌陀佛獨相隨

심심상계옥호광　염념불리금색상
心心常係玉毫光　念念不離金色相

아집염주법계관　허공위승무불관
我執念珠法界觀　虛空爲繩無不貫

평등사나무하처　관구서방아미타
平等舍那無何處　觀求西方阿彌陀

나무서방대교주　무량수여래불
南無西方大敎主　無量壽如來佛

「나무아미타불」 (10번)
南無阿彌陀佛

원이차공덕　보급어일체　아등여중생
願以此功德　普及於一切　我等與衆生

당생극락국　동견무량수　개공성불도
當生極樂國　同見無量壽　皆共成佛道

(합장하고)

저희들이 지성으로 합장하고

머리숙여 부처님전 비나이다.

금일영가 왕생하시도록

굽어살펴 주옵소서.

의상조사 법성게(義湘祖師 法性偈)

법성원융무이상 - 둥글고 오묘한 법진리의 모습이여
法性圓融無二相

제법부동본래적 - 고요뿐 동작없는 삼라의 바탕이라
諸法不動本來寂

무명무상절일체 - 이름없고 모양없고 일체가 다 없거니
無名無相絶一切

증지소지비여경 - 아는이 성인되고 범부는 모르나니
證智所知非餘境

진성심심극미묘 - 묘하고 깊고 깊은 현묘한 진성이여
眞性甚深極微妙

불수자성수연성 - 제자리 벗어난 듯 세계를 나툼이라
不守自性隨緣成

일중일체다중일 - 하나에 모두 있고 많은 데 하나 있어
一中一切多中一

일즉일체다즉일 - 하나 곧 전체이고 전체 곧 하나이니
一卽一切多卽一

일미진중함시방 - 한티끌 작은속에 세계를 머금었고
一微塵中含十方

일체진중역여시 — 낱낱의 티끌마다 우주가 다 들었네
一切塵中亦如是

무량원겁즉일념 — 한없는 긴 시간이 한 생각 일념이고
無量遠劫卽一念

일념즉시무량겁 — 찰나의 한 생각이 한량없는 긴 겁이니
一念卽是無量劫

구세십세호상즉 — 삼세와 구세 십세 엉킨 듯 한 덩어리
九世十世互相卽

잉불잡란격별성 — 그러나 따로따로 뚜렷한 만상이여
仍不雜亂隔別成

초발심시변정각 — 첫발심 했을 때가 부처님 이룬 때고
初發心時便正覺

생사열반상공화 — 생사와 열반경계 바탕이 한몸이니
生死涅槃相共和

이사명연무분별 — 있는 듯 이사 분별 흔연히 없는 그 곳
理事冥然無分別

십불보현대인경 — 자나불과 보현의 부사의 경계로세
十佛普賢大人境

능인해인삼매중 — 부처님 해인삼매 그 속에 나툼이여
能仁海印三昧中

번출여의부사의 — 쏟아진 여의진리 그속에 부사의라
繁出如意不思議

우보익생만허공 - 허공을 메워오는 법비는 거룩하여
雨 寶 益 生 滿 虛 空

중생수기득이익 - 제나름 중생들로 온갖 원 얻게하네
衆 生 隨 器 得 利 益

시고행자환본제 - 행자가 고향으로 깨달아 돌아가면
是 故 行 者 還 本 際

파식망상필부득 - 망상을 안쉴려도 안쉴길 방법없네
叵 息 妄 想 必 不 得

무연선교착여의 - 무연의 방편으로 여의보 찾았으니
無 緣 善 巧 捉 如 意

귀가수분득자량 - 자기의 생각대로 재산이 풍족하네
歸 家 隨 分 得 資 糧

이다라니무진보 - 끝없이 쓰고 쓰는 다라니 무진보로
以 陀 羅 尼 無 盡 寶

장엄법계실보전 - 불국토 법왕궁을 여실히 꾸미고서
莊 嚴 法 界 實 寶 殿

궁좌실제중도상 - 중도의 해탈좌에 편안히 앉았으니
窮 坐 實 際 中 道 床

구래부동명위불 - 예부터 동함없이 이름이 부처님일세.
舊 來 不 動 名 爲 佛

작별의 시간이 가까워 질 때…
– 임종시 지침 사항

1. 환자가 머무는 실내는 밝고 깨끗하게 정리되고 조용한 분위기를 만든다.
- 어둡고 어수선하며 시끄러운 소리가 들리면 환자의 정신이 흩어지고 산만하여 두려움과 고통이 가중된다.

2. 좋은 향을 피운다. (문은 살며시 닫고 연다.)
- 마음에 안정을 주고 정신을 한 곳에 집중할 수 있도록 돕는다.

3. 환자가 혼자라고 생각을 하지 않고 가족들의 따뜻한 체온을 느낄 수 있도록 가까이 함께 한다.

4. 환자는 임종 중에도 듣는 능력과 생각하는 능력은 계속 유지된다. 따라서 진실한 말과 차분하고 부드러운 음성으로 위로하고 임종 중에 있음을 알려주며 망념과 번뇌에 사로잡히지 않도록 격려하고 부처님의 원력으로 구원의 믿음을 확신시켜 준다.

5. 환자 곁에서 슬픔과 고통이 될 수 있는 행동과 말을 삼간다.

- 임종 중에 한 생각이 다음 생에 많은 영향을 미치기 때문이다.

6. 환자 곁에서 지나친 감정 표현은 자제하도록 한다.
- 최후 일념에 집중하지 못하고 가까운 인연들에게 애착하는 마음, 탐착하는 마음을 낼 수 있기 때문에 애연한 말과 비통한 태도는 바람직하지 못하다. 따라서 걸림 없는 마음으로 떠날 수 있도록 도와준다.

7. 환자를 위하여 안정된 목소리로 기도하며 환자와 함께 염불한다.
- 기도와 염불을 통하여 환자는 다음생의 구원을 확신하며 아미타불의 원력에 절대 의지하게 되고 평화로운 마음으로 염불 속에 죽음의 문턱을 넘어서 부처님의 품에 안기게 된다.

8. 임종 중에는 환자를 흔들거나 소리내서 울지 말아야 한다.
- 실내 주변의 기운이 흩어져 환자가 혼란스러워하므로 조용하고 엄숙한 가운데에서 잔잔한 기도소리만 들릴 수 있도록 배려한다. 편안함과 사랑을 느끼며 한 생애를 정리하고 떠나는 길을 차분히 배웅한다. 가족들이 환자를 흔들거나 소리내어 울지 않도록 특별히 마음을 쏟는다.

9. 임종 준비는 이렇게

스님을 위한 임종준비
- 천은 부드럽고 허리 고무줄은 아주 느슨하게 바지통은 넓게 하며

회색 적삼 바지를 입혀 드린다.

- 삭발해 드리고 비구스님일 경우는 면도도 깨끗이 해 드린다.

- 나중에 입혀 보내 드릴 수의는 미리 승복집에 부탁하여 회색면이나 광목으로 준비하며 혹시 평소 입으시던 옷 중에 면 종류가 있으면 대신 해도 좋다.

- 임종 후 입관 때 수의를 다 수하게 한 후 끈으로 일곱 마디 묶지 않고 편안히 안치 후 이불을 가슴까지만 덮게 한다.

불자님이 임종하실 때

- 순면으로 된 깨끗하고 편안한 옷으로 고운 색깔을 선택하여 입혀 드린다. (남녀와 상관없이 남자용 상·하 잠옷이 적절하다.)

- 몸은 깨끗이 씻어 드리거나 향물로 닦아 드리고 머리는 단정하게 손질해 드린다.

천도할 때 소각용으로 사용되는 흰색치마, 저고리, 바지적삼을 준비하시는 분이 많으신데 깊이 생각해 볼 일이 아닐 수 없다. 내가 이 세상을 떠날 때 진정 그런 옷을 입고 싶은가?…

10. 임종 후 약 5~8시간 정도는 그 자리에 편안히 모신다.

- 영혼이 육신을 빠져나갈 시간을 주는 것이며 임종 전 약 10시간, 임종 후 최소한 10시간 정도의 지극한 돌봄이 그 어느 때보다 중요하고 소중하다. 기도와 염불 속에서 사후의 세계에 첫발을 디딜 수 있도록 함께 계시는 모든 인연들은 최선을 다한다.

환자를 위한 마지막 사랑은 …

- 환자가 병원에서 임종시 주의사항

병원에서 임종을 맞이하게 될 때

더 이상 치유될 수 없어 투병하다 병원에서 임종을 맞는 사례가 점점 늘어나고 있는 추세이다. 모든 인간들은 죽음을 피할 수 없다.

오늘날 현대인들은 잘 사는 것에만 집중하고 있고, 현대의학은 치료 중심적인지라 말기환자를 위한 인간적인 대우나 죽음에 대한 세심한 배려가 결핍되어 있다.

의사의 일방적인 역할에 환자를 맡겨버리는 요즘, 환자의 삶의 질과 인간의 존엄성이 무시된 채 고통만 가중되어지는 사례 또한 종종 볼 수 있다. 의사와 가족들 그리고 환자가 의식이 있다면 함께 의논하고 조절하여 환자의 삶 마지막까지 전인적인 케어(Care)로 최선을 다해야 한다.

유의사항

1. 심폐소생술(DNR)

가족들은 의사와 충분한 상의를 해야 하며 심폐소생술 시행의 필요성에 대하여 깊이 생각해 보아야 한다. 호스피스에서는 심폐소생

62

술 시행을 금지하고 있음을 참고하면 좋을 것이다. 환자의 입 안에 굵은 호스를 물리면 환자는 의사표현도 할 수 없고 한 모금의 물도 넘기지 못하게 되며 그 고통은 말할 수 없이 크다.

2. 중환자실 입원

중환자실 입원은 피하는 것이 좋다. 그 곳은 가족의 면회시간 외는 출입이 허용되지 않으므로 환자가 홀로 죽어가야 하는 상황 속에 직면하게 된다. 중환자실의 분위기는 긴장의 연속이므로 환자는 더 큰 두려움과 슬픔으로 정신적인 고통이 가중될 수 있다. 그러므로 가족들은 미리 의사에게 부탁하여 임종 징후가 보이면 중환자실이 아니라 1인실을 준비하였다가 환자를 모신다.

또 환자가 임종을 하게 되면 바로 영안실로 모시는 것이 아니라 몇 시간 동안 편안히 모시고 기도를 통한 임종의식을 해 드리고 영혼이 육체를 잘 떠날 수 있도록 육체를 흔들지 말고 마지막까지 잘 배웅해 드린다.

3. 고 영양주사, 피주사 등 보조 치료 및 치료 중단

환자에게 더 이상의 적극적인 치료가 의미가 없다고 판단될 때는 의사와 충분히 상의하여 적절한 대처를 해야 한다. 무의미한 인위적인 생명 연장은 그리 바람직한 일이 아니라 생각한다.

인간의 생명은 우주보다 더 소중하다.

제2장

수계의식

환자를 위한 수계의식

- 스님은 가사와 장삼을 수하시고, 호스피스는 법복을 입는다.
- 향을 피운다
- 향물로 환자의 몸을 깨끗이 닦아 준다.
- 피운 향으로 연비를 한다.
- 실내는 깨끗이 정돈하고 환자의 마음은 평안하게 한다.
- 가족이 함께하면 더욱 좋다.

수계의식

1. 천수다라니 1편
2. 십념
3. 수계의식
4. 반야심경

부처님 크신 자비에 의지하여
○○ 불자님께 삼귀오계를 드리겠습니다.
마음을 고요히 하시고 자세히 들으소서.
강을 건너려면 배를 의지하여야 하고
어두움을 비추려면 등불을 의지해야 하듯이
당신께서 의지해야 할 것은
바로 불법승 삼보입니다.
삼보란 부처님과 부처님의 가르침과 부처님의
가르침을 따르는 성스러운 승가입니다.
깊이 명심하고 오직 한마음으로
불·법·승 삼보께 귀의하소서.

「거룩한 부처님께 귀의합니다.
거룩한 가르침에 귀의합니다.
거룩한 승가에 귀의합니다.」 (수계자 3번 복창)

○○ 불자님이시여, 이제 다시 자세히 들으소서.
이제 삼보님전에 귀의하였으니,
부처님의 계법 중 근본이 되는
오계를 일러드리겠습니다.
부처님의 계법은 악을 끊고
선을 자라나게 합니다.
어둠을 등지고 밝음을 향하게 합니다.
업장을 소멸하고 공덕이 늘어나게 합니다.
이 계법을 받아 지니고 실천하여
부디 성불에 이르십시오.

(수계자는 3번 복창함)
첫째는 불살생이니, 산 생명을 죽이지 않겠습니다.
둘째는 불투도니, 남의 것은 훔치지 않겠습니다.
셋째는 불사음이라, 삿된 음행 하지 않겠습니다.
넷째는 불망어라, 거짓말을 하지 않겠습니다.
다섯째는 불음주라, 술을 먹지 않겠습니다.

오늘 이렇게 ○○○ 불자님께서는
삼귀오계를 받았습니다.
세세생생 불법에 물러나지 않고 보살도를 이루시길
부처님전에 발원합니다.

기도

내 음성 다 들어 주시고
내 모습 낱낱이 살펴 주시는
자비하신 부처님
몸으로 지은 업장 참회하오며
나 이제 당신께 귀의하오니
원합니다
걸림 없는 하늘 눈으로,
저희 모습 밝게 살피니
바른 귀의, 바른 참회 되게 하소서.

관세음보살, 멸업장진언

「옴 아로늑계 사바하」 (21번)

기나긴 겁 동안에 쌓고 지은 죄.
홀연히 한 생각에 없어지이다.
불꽃이 마른 풀을 태워 버리듯
하나도 남김없이 없어지이다.

참회진언 (연비를 하세요)

「옴 살바 못자 모지 사다야 사바하」 (108번)

엎드려 참회합니다.
갖가지 모습과 방법으로
법계를 떠돌던 지나간 생들
신구의 삼업으로
갖가지 지은 죄, 산같이 쌓인 업을
부디 소멸케 하여 주옵소서.

일체 죄업을 청정케 하여 주시옵소서.
생생토록 보살의 길 걷게 하옵소서.

「나무 아미타불」(10번)

임종 후 수계의식

● 향을 피운다.

● 향물로 임종 환자의 몸을 깨끗이 닦아 준다.

● 가족들과 함께 수계의식을 엄숙하게 집전한다.

● 깨끗한 옷으로 단정히 갈아 입히고 반듯하게 누인 채 이불을 가슴 까지만 덮는다.

● 실내를 깨끗이 정리정돈하며 조용히 그 후 의식을 집전한다.

수계의식

1. 천수다라니 3편

2. 십념

3. 수계의식

4. 수무상계

5. 반야심경

수삼귀의계(授三歸依戒)

신원적 ○ ○ ○ 영가님이시여

강물을 건너려면 배에 오르고

어두운 밤 밝히려면 등불 밝히니

이승에서 이러하듯 저승길에도

어려운 길 열어가듯 법이 있습니다.

이 몸이 흩어지고 자취도 없고

하늘 땅이 무너져 캄캄하여도

영가님 앞을 밝히는 태양이 되고

안락국에 인도하는 튼튼한 배는

불법승 삼보님이로다.

불법승 삼보님은

영가가 의지하여 극락에 이를

위없는 큰 보배니 명심하고서

일심정성 기울여서 귀의할지라.

내 이제 부처님의 위신력 빌어

영가에게 귀의삼보 인도하리니

일심정성 기울여서 귀의하시라.
「거룩한 부처님께 귀의합니다.
거룩한 가르침에 귀의합니다.
거룩한 스님들께 귀의합니다.」 (7번)

수오계(授五戒)

신원적 ○ ○ ○ 영가님
영가가 삼귀의계 이미 받아서
위없는 묘법 중에 태어났으니
이제 다시 오계법을 받아지니어
진실한 불자로 성취하시라.
계법은 선을 내고 악을 멸하며
범부에서 성인되는 기본이니라.
팔만사천 번뇌의 뿌리를 끊고
고통스런 윤회의 길 훤출히 벗어
해탈열반 얻게 하는 근본이니라.
불국토에 이르는 사다리 되고

생사 얽힌 어두운 밤에 등불이 되며
고생 많은 인생바다 건너는 배며
먼길에 양식되고 병에 약이며
흐린 물을 맑히는 청정수라.
○○○영가
계법을 받으려면 참회를 하여
지난 동안 지은 허물 맑혀야 하니
다음에 이른 말을 따라할지라
지난 동안 지어온 모든 악업은
모두가 탐내고 성내고 어리석음으로 말미암아
몸과 말과 뜻으로 지었음이라.
「제가 이제 모두를 참회합니다.」(3번)

참회진언

「옴 살바 못자 모지 사다야 사바하」(21번)
오늘의 영가님이시여, 잘 들으시오.
오계의 첫째는 불살생이니,

모든 생명 존중하고 사랑할지라.
오계의 둘째는 불투도이니,
아낌없이 베풀고 복덕 지으라.
오계의 셋째는 불사음이니
청정을 행하고 사음을 말라.
오계의 넷째는 불망어이니,
진실을 말하고 거짓 버려라.
오계의 다섯째는 불음주이니
술을 멀리하고 정념 지켜라.
오늘 영가님은 부처님의 크신 자비로
삼귀오계를 받았습니다.

기도

내 음성 다 들어 주시고
내 모습 낱낱이 살펴 주시는
자비하신 부처님
몸으로 지은 업장 참회하오며

나 이제 당신께 귀의하려 합니다.
걸림없는 하늘 눈으로
저희 모습 밝게 살피니
바른 귀의 바른 참회 되게 하소서.

관세음보살 멸 업장진언

「옴 아로늑계 사바하」 (21번)

기나긴 겁 동안에 쌓고 지은 죄
홀연히 한 생각에 없어지이다.
불꽃이 마른 풀을 태워 버리듯
하나도 남김없이 없어지이다.

참회진언

「옴 살바 못자 모지 사다야 사바하」 (108번)

엎드려 참회합니다.
갖가지 모습과 방법으로
법계를 떠돌던 지난 생들
그릇된 행동과 말 그리고 생각으로
갖가지 지은 죄, 산같이 쌓인 업을
부디 소멸케 하여 주옵소서.
일체 죄업을 청정케 하여
생생토록 보살의 길 걷게 하소서.

나무 아미타불

수무상계(授無常戒)

신원적 ○○○영가
내 이제 영가와 인연이 깊어
무상계 묘법문을 다시 주리니
일심으로 마음 비워 받을지어다.

무상계는 열반으로 가는 요긴한 문이고 고해를
벗어나는 자비의 배입니다. 부처님도 이 계를 의
지하여 고해를 뛰어넘고 중생도 이 계를 의지하여
고해를 건너야 합니다.

영가여, 이제 그대는 여섯 가지 감각인 눈과 귀
와 코와 혀와 몸과 뜻과 여섯 가지 경계인 색·성
·향·미·촉·법을 벗어나서 신령한 알음알이가
뚜렷이 드러나서 부처님의 위대한 계를 받게 되었
으니 이 얼마나 다행한 일입니까.

영가여, 겁이 다하여 말세가 되면 대천세계도 불타고 수미산과 큰 바다도 다 없어지는 것인데 어떻게 이 작은 몸뚱이가 늙고 병들고 죽고 고뇌하는 생사법을 벗어날 수 있겠습니까.

영가여, 그대의 머리털과 손톱과 뼈와 이와 가죽, 살, 힘줄, 해골, 때 같은 것은 다 흙으로 변하고 침과 콧물, 고름, 피, 진액, 가래, 눈물, 오줌 같은 것은 다 물로 변하고, 더운 기운은 불로 변하고, 움직이는 기운은 바람으로 변하여 네 가지 요소가 다 각각 제자리로 돌아가는 것인데 오늘날 영가의 죽은 몸이 어디 있겠습니까.

영가여, 이 몸뚱이의 네 가지 요소는 헛되고 거짓된 것이니 아까울 것이 없습니다. 그대는 끝없는 옛날부터 오늘까지 무명이 근원이 되어 선악의 행업을 지었고 이 행업으로 말미암아 이 세상에 태어나려는 일념을, 이 일념이 태중의 정신과 물질인 명색을, 명색이 여섯 기관을, 이 여섯 기관이

감촉작용을, 감촉작용은 지각을, 지각은 애욕을, 애욕은 탐취심을, 탐취심은 내세의 과가 되는 여러 가지 업을 짓고, 이 업은 다시 미래에 태어나는 연이 되어서 늙고 병들고 죽고 근심하고 걱정하고 하였습니다. 그러므로 무명이 없어지면 행이 없어지고 행이 없어지면 식이 없어지고 식이 없어지면 명색이 없어지고 이렇게 육입, 촉, 수, 애, 취, 유, 생노사, 우비고뇌가 다 없어지게 됩니다.

이 세상 모든 것 그 바탕 본래 고요해 불제자 닦고 닦으면 내세에 등정각부처가 될 것입니다.

삶은 덧없는 것입니다. 나고 죽는 그 법따라 흘러갑니다. 나고 죽는 윤회를 벗어나면 그것이 고요한 열반락입니다.

영가여,

부처님 계에 목숨 다해 귀의하십시오.

달마계에 목숨 다해 귀의하십시오.

승가계에 목숨 다해 귀의하십시오.

과거보승여래·응공·정변지·명행족·선서·세
간해·무상사·조어장부·천인사·불세존께 목숨
다해 귀의하십시오.

영가여, 그대는 다섯 쌓임을 벗어버리고 신령한
알음알이가 뚜렷이 드러나 부처님의 거룩한 계를
받았습니다. 이 얼마나 기쁜 일입니까.

영가여, 이제 하늘이나 불세계 마음대로 태어나
게 되었으니 참으로 기쁘고 기쁜 일입니다.

생야일편부운기
生也一片浮雲起

사야일편부운멸
死也一片浮雲滅

부운자체본무실
浮雲自體本無實

생사거래역여연이라
生死去來亦如然

태어남은 한 조각 뜬 구름이 일어남이요,

죽는 것은 한 조각 뜬 구름이 사라진 것이다.
뜬구름 본래 실(實)이 없는 것
생사 거래 본래 이와 같아라.

열반게

칠십 년간 지낸 일이
마치 꿈 속의 사람일세
담연하기가 물 속의 달 같은데
몸은 어이 오고 가고 하는고
환생하여 왔다가 환생 쫓아가니
오고가는 환생 중 사람이건만
환생 중에서도 환생하지 아니 하는 것
이게 나의 본래의 몸이라네.

- 괄허선사 열반게 -

제**3**장

투병환자를 위한 기도

일체중생의 고난과 병고를 소멸하는 진언

「나모 바가벌제 비살사구로 폐주리 발라바
갈라사야 달타아다야 아라헐제
삼먁 삼발타야 다질타옴 비살서 비살서
비살사 삼몰아제 사바하」(21번)

- 약사유리광 여래께서 광명 가운데 이 신주를 설하시자 대지는 온
통 진동하였으며 큰 광명을 발하여 일체 중생의 병고를 모두 제거하
고 안락을 얻도록 하셨다.

　깨끗한 물을 떠놓고, 아니면 복용할 약을 앞에 놓고 위 신주를
108번 염송한 후에 마시게 하면 더욱 효험이 있다.

여래정력유리광 신주(如來定力瑠璃光 神呪)

「달질타 구미구미 예니미니히 말저말저 삽다달타 이다삼마지 알제슬치제 알제말제 파예 파피수단 이 살바파피나세야 발제발도 올답미 오미구미 불 걸려 살바가라 밀율도 니바라이 발제소발제 불타 알제 슬타니가 갈락차도미 살바제바 삼미알삼미 삼만나 한란도미 살바붇타 보제살타 점미점미 발라점만도미 살바이저 오파달바 살바비하대야 살바살타 난자보란니 보란니 보란야미 사바아사 폐유리야 발라저바세 살바파피 차양갈려 사바하」

– 동방세계 칠불여래 부처님께서 설하신 신주로 일체 병고액난이 소멸되고 모든 소원 성취되어 가정의 평화가 깃드는 진언이다. 깨끗하고 단정하게 앉아서 칠일 동안 1천 여덟 번을 염송한다.

문병 쾌유 발원문 I

- 일반 환자를 위한 기도문(환자를 방문했을 때 기도)

중생들의 병고를 치유키 위해

어진 의사의 몸을 나투시는

자비하신 부처님,

온 누리에 자비 광명을 비추시고

저희에게 늘 자비로써 함께하여 주심에

감사드립니다.

지금 ○○○ 불자가

병으로 자리에 누워 있습니다.

아픔에 시달리는 동안 지난 삶을 돌아보고

참회하며 부처님을 공경하는 마음

더욱 간절하옵니다.

깊이 병든 몸이라

모든 것이 마음으로만 간절할 뿐

병마의 업연이 ○○○ 불자를 묶고 있사오니
부처님의 본원력으로 가피를 내리시어
속히 쾌차케 하여 주소서.
병은 번뇌 망념이
천연 본심을 흔들 때 일어나나니
신심을 결정하여 안정하면
병은 저절로 사라져 버린다 하였습니다.
대의왕이신 부처님,
○○○불자를 어여삐 여기사
미혹으로 인한 병의 뿌리를 없애주시고
생각 생각 간절히 부처님이 떠오르는 가운데
밝은 의사의 신묘한 처방을 만나
본래의 건강을 되찾아
보람있는 삶을 잇게 하여 주옵소서.
병든 모든 이에게
훌륭한 의사가 되어 주시는 부처님,
○○○불자로 하여금 아픔을 떨치고 일어나

기쁨이 넘쳐 흐르는 건강을 회복하고
성실한 생활인으로 나아가
가족과 사회의 목탁이 되게 하옵소서.
이렇게 발원한 공덕으로
○○○불자의 가족과 법계의 모든 중생들
모두 다 부처님의 대자대비 광명 속에서
생명의 실상을 증득하여지이다.

나무 대자 대비 구고구난 관세음보살

문병 쾌유 발원문 II
- 일반환자 기도문

보왕삼매론에 이르시기를
몸에 병 없기를 바라지 말라.
몸에 병이 없으면 탐욕이 생기기 쉽나니
그래서 성인이 말씀하시되
병고로써 양약을 삼으라 하였느니라.
세상살이에 곤란이 없기를 바라지 말라.
세상살이에 곤란이 없으면
업신여기는 마음과 사치하는 마음이 생기나니
그래서 성인이 말씀하시되
근심과 곤란으로써 세상을 살아가라 하였느니라.

여래 응공 정변지 명행족 선서 세간해 무상사
조어장부 천인사 불 세존.

귀의불 귀의법 귀의승
모든 중생 기도 따라
끝없이 거두어 주시는 부처님!
억겁의 무명을 밝히시고
영겁의 윤회를 해탈케 하옵나니
무량하신 위덕은 시공을 넘어
영원하심을 찬탄하옵니다.

부처님의 위없는 은총과 자비로써
백천만겁 쌓인 죄를 한 생각 바로하여
소멸케 하옵소서.
당신의 뜨거운 자비광명으로
병고로부터 고통받는 ○○○를
부디 질병으로부터 벗어날 수 있도록
도와주옵소서.

세상에 갖가지 장애나 사고, 질병으로부터

저희들을 보호하여 주시고 조건 없는 참된 사랑
실천할 수 있도록 가피하여 주옵소서.
하루 속히 질병이 쾌유되어야
한 가정의 가장으로서, 사회인으로서의 삶을
성실히 살아갈 수 있을 것입니다.

부처님 ○○○가 건강한 몸과 마음으로
가족의 품으로 돌아가 복된 삶을 위해
보살행을 실천하는 맑고 향기로운
불자와 불자 가정 되게 하소서.

부처님!
저희는 부처님의 깊고도 크신 은혜에 감사드리며
천지만물의 은혜에 또한 감사드립니다.
거룩하신 부처님께 귀의하옵고
○○○의 빠른 쾌유를 발원하옵니다.
나무 아미타불

문병 쾌유 발원문 Ⅲ
- 일반환자 기도문

○○생 ○○○은 지극한 마음으로
엎드려 기도합니다.
만덕이 구족하시고
자비가 충만하신 부처님
깊고도 넓으신 진리 우주에 가득하사
항상 일체 중생을 수호하시고
가지가지의 소원을 성취시키시며
반야의 지혜를 드리워 주십니다.
저는 다생의 습기로 인해
삼독의 바다에서 헤어나지 못하옵고
생사의 고통을 벗어나지 못해
윤회 속에서 벗어나지 못하고 있는
미련한 중생이오며

지·수·화·풍 사대의 어긋남에서
생겨나는 병고에 시달려
고통과 외로움 속에 살고 있습니다.
건강이 회복되어야 신심과 정진으로
지혜와 복을 닦고
가정과 권속들에게
걱정을 끼치지 않을 것이오나
육신이 병고의 늪에 빠져 있습니다.

위로는 부처님의 자비를
받아들이기에 어려움이 있으며
아래로는 근심과 걱정이
떠나지를 않습니다.
우러러 바라옵나니
이 중생을 어여삐 여기사
대자대비의 손길을 뻗쳐 주시고
감로의 약을 드리우사

곧 회복케 하옵시고
불은에 보답하는
행복한 한 평생이 이루어지도록
자비를 베풀어 주시기 바라옵니다.
이 사바세계에 머무는 동안
항상 즐거움이 솟아나고
지혜와 복덕 구족하신 선지식을 만나
부처님의 깊은 법문을 들으며
민족과 국가에 보살행을 실천하고
나아가 일체 중생의 고통을 나눌 수 있도록
법력을 드리워 주시기를 비나이다.
부디 굽어 살펴 주옵소서.

나무 구고구난 관세음보살

문병 쾌유 발원문 Ⅳ
- 스님이 환자에게 해주는 기도

육도를 집 삼으시니
거룩한 서원 끝없어라.
항하사 가없는 중생 이름조차 없는 그날
이 법계에 마지막으로 보리 성취하실 이여
고통 심한 저 지옥의 티끌마저 없는 그날
이 세상 마지막으로 성불하올 님이시여
지장보살 지장보살 대원본존 지장보살님.

○○○ 불자님께서 ○○○ 병으로 인하여
고통받고 있습니다.
대원본존이신 지장보살님께 부디 원하옵나니
저희 기도를 들어주소서.
○○○ 불자님께서 사생과 육도를 윤회하면서

알게도 지었고 모르게도 지은 죄업
헤아릴 수 없사와
몸과 마음 다하여 참회하오니
만겁의 죄업을 소멸하여 주옵소서.
지금의 병고가 다생에 지은 업장으로 생겨났으니
대원본존 지장보살님이시여
태양이 뜨면 어둠이 사라지듯
육신의 질병 또한 그와 같게 하소서.

대원력의 보살님 마음에 모시는 순간
일체의 장애 소멸되고
질병과 고통 모두 사라지게 하소서.
저희들의 강건한 믿음 증명 하시오며
지장보살님의 뜨거운 사랑으로
건강한 육신과 영혼으로 거듭나
상구보리 하화중생 길 걸어가게 하소서.

○○○ 불자님의 가정과 가족 모두에게
평안을 주시며 맑고 향기로운 불자가족 되어
부처님의 은혜와
천지만물의 은혜에 보답하게 하소서.

어떠한 어려움과 시련 속에서도
감사할 수 있는 신심을 주시고
고난과 고통을 통하여
○○○ 불자님의 믿음
더욱 깊고 견고하게 하소서.
건강해진 몸으로 남은 여생
복과 지혜를 원만히 구족할 수 있도록
헌신과 사랑으로 선업의 열매
뿌리고 가꾸게 하소서.

세세생생 불법에서 물러서지 않게 하시며
어두운 세상을 밝히는 보살의 등불 되게 하소서.

대원본존 지장보살님
거룩하신 서원에 의지하여
간절히 발원하나이다.

나무 대원본존 지장보살 마하살

문병 쾌유 발원문 V
- 수술 환자의 쾌유를 위한 가족의 기도

부처님 당신 앞에 엎드려 비옵니다.
저희 가족 ○○○이(가) 질병으로 인하여
고통받고 있습니다.

부처님!
불행과 절망이 이런 것인 줄 몰랐습니다.
삼재팔난과 구고구난
그리고 세상 살면서 갖가지 장애 많이 겪지 않고
살아온 것이 다 내 잘난 탓인 줄만 알았습니다.
지금의 고통 무지하고 어리석은 저희들에게
고통과 시련을 통하여
부처님의 진리의 말씀 깨닫도록
인도하여 주심이라 믿고 싶습니다.

부처님!
용서하소서.
앞만 보고 살아왔습니다.
세상에 너무나 많은 사람들이
치유될 수 없는 많은 질병으로
고통받고 신음하며 죽어 가고 있는 줄
저는 정말 몰랐습니다.
그 가족들이 아픔과 절망으로
몸부림치고 있는 줄 몰랐습니다.

부처님!
미련하고 무지한 저를 용서하여 주소서.
수술실 문 앞에 무릎 꿇게 한
당신의 뜻이 이제 조금 헤아려집니다.

부처님! 용서하소서.
저의 교만과 이기심

그리고 물질의 노예가 되어
헐떡이며 살아온 제 모습이
너무나 부끄럽습니다.

참회합니다.
참회합니다.
이웃의 아픔은 생각하지도 못하였으며
관심조차도 없었던 저의 오만함을 어찌 하옵니까.

제 ○○○이(가) 병 중에 고통받으므로
저는 이제 진실한 모습으로 부처님 앞에 섭니다.
저를 용서하시고 제 기도를 들어주소서.
저의 간절한 기도 들어주소서.
○○○이(가) 수술 중에 있습니다.
한치의 실수도 없이
무사히 수술 끝 마칠 수 있도록
자비를 베풀어 주소서.

이 시련과 고통을 통하여 감사하며
회향하는 삶을 살겠습니다.
속히 회복될 수 있도록 가피하여 주소서.
부처님 당신의 한없는 자비로움에 용서를 비옵고
○○○의 빠른 쾌유를 발원하옵니다.
저의 기도를 들어주소서.

나무 지장보살 마하살

문병 쾌유 발원문 Ⅵ
- 병든 부모님을 위한 자식들의 기도

자비의 바다 그 부신 광명 가운데

고난의 모진 바람 헤매는 중생 위해

어머니의 몸으로 나투신 관세음 보살님이시여

그림자처럼 오시어 눈물 닦아 주시고

슬픔 거두어 주시는 이여

당신께 귀의하옵고 간절히 원하옵나니

걸림 없는 하늘의 귀로 저의 기도 들어 주소서.

한 평생 오직 자식 위해 온갖 고생 다 하시고

근심 걱정 떠날 날이 없어

이마에 깊이 패인 주름 사이로

늙음과 함께 병고가 깊어지고 있습니다.

뼈와 살을 빌어 낳아주시고 길러주신 은혜

미처 한번 갚을 마음 내어보기도 전에

병석에 누워 계십니다.
관세음 보살님!
아직 효도 한번 제대로 해보지 못했습니다.
저희가 부모님의 은혜에 조금이라도
보답할 수 있는 기회를 주소서.
자식 잘 되기만을 기도하며 살아오신
저희 부모님에게
당신의 자비를 베풀어 주시어
회복될 수 있도록 가피하여 주옵소서.
병고로 인한 고통 거두어 주시어
건강하게 남은 여생 복되게 사시다
부처님의 품에 고이 안길 수 있도록
위 없는 자비로 축복하여 주옵소서.
부모님의 빠른 쾌유를 위하여 백천만번
어머니의 이름 부르옵니다.

나무 대자대비 구고구난 관세음보살

문병 쾌유 발원문 Ⅶ
- 장기 투병 환자의 기도

영겁의 세월을 항상 저희 곁에 계시며
끝없이 밝은 빛으로
저희들을 비추어 주시는 부처님!
위없는 서원 세워 인연중생 구원하시니
그 은혜 헤아릴 수 없나이다.
부처님!
늦가을 찬바람에 뒹구는 낙엽처럼
저는 오랜 병상 생활로
삶의 빛을 잃어가고 있습니다.
간절한 제 기도를 들어 주시고
가피를 내려 주옵소서.

육신의 뼈마디는 점점 굳어지고 답답한 마음에
소리내어 통곡이라도 했으면 좋으련만
그것마저 힘에 부칩니다.
긴 투병생활로 희망은 무너져 내리고
강인하던 의지도 자꾸만 꺾어 집니다.

부처님!
병고로부터 벗어나 이 병실문을 열고
나갈 수 있는 복을 주소서.
건강할 때는 사느라고
복의 씨앗을 심지 못하였습니다.
어리석었던 지난날을 참회하오며
부디 회복할 수 있기를 기도합니다.
부처님 제 마음속에는 분노와 원망이 불타고
초라해진 제 모습에 화가 치밉니다.

부디 도와 주소서.
저 때문에 가족들은 고통스럽고 고생스러우며
이제 지쳐가고 있습니다.
부처님 저를 외면하지 마소서.
투병으로 인한 고통 속에서
부처님을 향한 저의 마음
더욱 굳건하고 간절하게 하시며
당신의 무한한 자비와 사랑을 알게 하소서.
희망을 잃지 않고 의지가 꺾이지 않도록
제 손을 잡아 주시고
메마른 가슴에는 사랑을 채워 주소서.
고통과 시련을 통하여
삼보에 귀의하는 마음 깊어지고
성숙한 불자로 거듭나고 싶습니다.

부처님!
현대의학과 인간의 의술은 한계가 있습니다.

그들이 제 육신을 치료할 때 그 순간 순간마다
당신의 자비가 그들의 마음에 깃들게 하시며
당신의 능력으로 치유될 수 있게 하여 주소서.
투병 중에도 감사할 줄 알게 하시고
여유를 가지고 자신과 주변을 돌아보게 하시며
저를 위해 애쓰고 수고하시는 모든 분들께
당신의 자비광명이 충만하길 기도합니다.
지극한 마음으로 삼보님전에 귀의하옵고
부처님의 무한한 자비를 향하여
두손 모아 기도 드립니다.
부디 회복할 수 있도록 가피를 내려 주소서.

나무 아미타불

문병 쾌유 발원문 Ⅷ
- 어린 환자를 위한 기도

자비로우신 어머니 관세음 보살님이시여!
당신의 한없는 자비로움 앞에
정례하오며 비옵니다.
간절히 ○○○ 어린 영혼의 쾌유를 위하여
관세음 보살님전에 엎드려 비옵니다.
질병으로 신음하고 있는 ○○○을(를)
부디 당신의 품에 안으시고
치유하여 주옵소서.

인간의 의학은 한계가 있습니다.
어리석은 중생들의 소원 다 들어 주시며
눈물 닦아주시고
다함 없는 사랑과 위로로써 충만케 하시는

당신의 대자대비에 귀의하옵고
두 손 모아 비옵니다.
○○○가 감당하기에는 너무나 힘든 고통이오니
질병에서 벗어나 쾌유될 수 있도록
가피를 내려 주옵소서.

오직 중생을 사랑하시는 관세음 보살님!
당신의 뜨거운 손길로 아픈 곳을 어루만져 주시고
당신의 뜨거운 사랑으로 치유하여 주옵소서.
병석에서 일어나 슬기롭고 지혜롭게 자라나
맑고 향기로운 불자 되게 하소서.
관세음 보살님의 은혜 속에서
회복되길 기도합니다.
사람의 눈 볼 수 없는 곳까지
사람의 손 닿을 수 없는 그 곳까지
깨끗하게 치료하여 주소서.
한없는 자비로써

부디 저의 간절한 기도 들어 주소서.
나무대자대비 구고구난 대성자모
「관세음보살」 (백천만 번 염송)

달빛 같은 흰 옷 입으시고
짙푸른 연꽃 위에 앉으신
더할 수 없이 수승하온 복덕의 몸이시여
중생의 온갖 위험과 고통 그림자처럼 오시어
감싸주시고 부르는 소리 어김없이 살피사
슬픔 없애 주시는 이여

부르기도 전에 곁에 와 계시며
거룩한 몸 중생 있는 곳마다 이미 함께 하시니
관세음 관세음
자비하신 어머니여
원하옵니다. 자비시여
나 이제 엎드려서 참회하옵고 (참회진언 21번)

금강 같은 믿음으로
자비의 어머니께 엎드려 비옵니다.

「나무 관세음 보살」 (백천만 번 염송)

문병 쾌유 발원문 IX
- 자녀를 위한 부모님의 기도

우주에 충만하사 아니 계신 곳 없으시고
만유에 평등하사 두루 살펴 주시는
자비의 어머니시여
자비의 문을 열어 구원의 실상을 밝혀 주옵소서.

대자대비 하옵신 관세음 보살님이시여
병으로 고통받는 자식을 위하여
당신의 자비에 의지하며 두손 모아 발원합니다.
다겁생의 인연으로 금생에 자식과 부모되어
소중한 가족으로 만났습니다.

저희에게 기쁨이고 희망이던 제 자식이
지금 병중에 있습니다.

중생의 고통 들어 주시고 눈물 닦아주시며
본래 서원대로 중생의 부름에 응답 주시는
관세음 보살님.
중생의 괴로움 따라 방편을 펴시고
알맞은 약과 치유로써 고통으로부터
구원해 주시는 어머니여
부디 저희 자식이 하루속히 병으로부터
벗어날 수 있도록 가피를 내려 주옵소서.

부모로서 제가 할 수 있는 일은
아무 것도 없습니다.
오직 제불제보살님전에 드리는
간절한 기도밖에는 …
저희 가정을 지켜주시고 제 자식을 지켜주소서.
관세음 보살님
부디 회복의 기쁨을 주시고
저희 가족 모두 금강 같은 믿음과 서원으로

보살행을 실천하고
위로는 부처님의 은혜에 보답하고
이웃의 아픔과 고통, 함께 나누는
향기로운 삶 이어가게 하소서.

저희 자식이 회복되어 인류 평화에 기여하고
불자로서 부처님 가르침 바르게 배우고 실천하는
성실한 자녀 되게 하소서.

자식을 질병으로부터 보호하여 주옵소서.
저희 가정에 병고의 시련으로 가족들은
삼보님전에 귀의하는 마음 더욱 깊어지고
겸손하고 검소한 삶으로 선근공덕의 씨앗 심는
지혜를 깨닫게 하소서.

중생의 자비로우신 어머니 관세음 보살님
당신의 천의 손길로

당신의 천의 눈으로
제 자식의 질병을 치유하여 주옵소서.
간절한 마음으로
간절한 마음으로
관세음 보살님의 서원에 의지하며
기도 드리옵니다.

나무 구고구난 대성자모 「관세음보살」

(백천만 번 염송)

부처님께 바치는 환자의 기도 Ⅰ

생명의 부처님 아미타 여래시어!
지금의 나의 고통은
내가 짓고 내가 받는 업보의 고통인 줄
이제야 알았습니다.
욕심 많고 어리석어 지은 죄 이제 하염없이 흐르는
눈물로 당신 앞에 참회하나이다.
대자대비 하옵신 부처님이시여.
저의 간절한 참회를 받아 주시어
극락의 맑은 물로 청정케 하여 주시며
만겁의 죄업을 소멸하여 주시옵소서.
영원한 생명의 빛으로 나를 구원하실
아미타 여래시어!
저를 극락정토의 세계로 이끌어 주옵소서.
서방정토에 계시옵는 성인들이시여

저를 극락세계로 이끌어 주옵소서.
모든 괴로움 여읜 그 땅에서
영원히 살게 하여 주옵소서.
영원한 나의 고향
맑고 푸른 물 위에
송이 송이 피어있는
구품 연화대로 맞아 주실 여래이시어
자애로우신 손길 내미시어
뿌연 안개처럼 사라져가는
내 영혼을 붙들어 주옵소서.
그리고 영원히 살 수 있는 당신의 나라로
나를 데려가옵소서.
자비의 부처님 아미타 여래시어
지금 제 곁으로 오시어
고통에서 저를 구하여 주시옵소서.
혼란과 두려움으로부터
저의 영혼을 구하여 주옵소서.

사십팔원 대자비로 천상의 감로수를 내리시어
마른 목을 적셔 주시고
내 영혼을 당신의 품에 안아 주옵소서.
제 영혼이 육신을 떠날 때 몰아치는 업풍은
부디 잠재워 주시옵고
모든 장애와 고통으로부터 저를 지켜 주옵소서.
아미타 부처님을 잊지 않고
정토에 태어나길 간절히 원하오며
임종의 고통 중에도
저의 발원 잊지 않게 하옵소서.
아미타 무량자비의 바다로 돌아가나이다.
지극히 순수한 땅 정토에 태어날 수 있도록
자비로운 손길로 이끌어 주시옵소서.

나무 아미타불

부처님께 바치는 환자의 기도 Ⅱ

아름답고 미묘한 하늘 세계여
그 하늘에 피어난 연꽃 가운데
헤아릴 수 없는 거룩한 모습 다 갖추시고
아승지겁 긴긴 세월 사십팔원 성취하옵신
영원한 생명의 부처님 아미타불이시여.

원하옵니다.
거룩한 자비시여.
저의 간절한 기도를 들어주옵소서.
주어진 삶 속에서 열심히 살아왔습니다.
좀더 나은 삶을 위해 앞만 보고 달려왔습니다.
어제 건강했던 이 몸 오늘 죽음 앞에 서 있습니다.
죽음이라는 것이 이렇게 쉽게 오는 것인 줄
정녕 몰랐습니다.

육신은 질병으로 인한 고통으로
처참히 무너져 내리고
칠흑 같은 밤중에 저의 영혼은 빛을 잃었습니다.
오직 슬픔과 두려움으로
눈물만이 흘러내릴 뿐입니다.
살고자 발버둥칠 힘마저도 남아 있지 않습니다.
당신의 무량자비를 향하여 두 손을 모읍니다.
육체의 고통 속에서 절망하며
죽음 앞에서 방황하는 저의 영혼을
불쌍히 여기시어 섭수하여 주시오며
아미타 부처님의 48원
나에게 더욱 강건한 믿음으로 충만하게 하소서.
오직 한 마음으로 간절히 원하오며
무량한 생명의 빛 속에 하나 되길 기도합니다.

나무 아미타불

부처님께 바치는 환자의 기도 Ⅲ

부처님 저는 제 입으로 병명을 말하기가 두렵습니다.
가슴이 떨리고 머리가 터질 것 같아
숨쉬기조차 힘이 듭니다.
병원 검사 결과를 받아들일 수 없습니다.
그리고 제 병명을 인정할 수가 없습니다.

부처님 제 영혼이 황량한 들판에
홀로 뒹구는 낙엽 같습니다.
저를 혼자 버려 두지 마시고 함께 하여 주소서.
가족들에게는 아직 저의 존재가 더 필요합니다.
그리고 해야 할 일들이 너무 많이 남아 있습니다.

부처님 저는 어떻게 해야 합니까?
현대의학에 의존하며 고통스러워하는

저를 지켜보는 가족들의 가슴에
눈물이 흘러내리지만
무던히 제 앞에서 참으려고 애쓰는 것 같습니다.
저도 쏟아지는 눈물 감추려고
창 밖을 향해 시선을 돌립니다.

부처님 당신의 한량없으신 자비와 사랑으로
저를 지켜 주소서.
후들거리는 두 다리를 잡아 주시고
당신의 가르침 바로 알게 하소서.

싫습니다. 아직은요.
제가 죽기에는 너무 젊습니다.

부처님 제 육신이 병으로 무너져 내리는 모습을
차마 거울에 비추어 본다는 것이
너무나 두렵습니다.

세상 앞에 당당하던 내가
이제는 육체와 영혼이 초라함으로
옛 모습 찾을 길 없습니다.
제행무상 (諸行無常)
제법무아 (諸法無我)
일체개고 (一切皆苦)
열반적정 (涅槃寂靜)
수없이 듣고 그 뜻을 알아 차렸던 제 자신
이제 아무 생각도 할 수 없습니다.
부처님께 살려 달라고
매달릴 기력조차도 없습니다.

자애로우신 부처님!
인연을 따라 생겨났다 인연이 다하면
흩어지는 것이 만고의 진리인 것을 알고 있지만
참혹한 고통 중에도
살고 싶은 마음 간절하니 어찌합니까.

부처님 당신의 자비로운 손길로
제 육신과 영혼을 어루만져 주소서.
용기를 잃지 않도록 제 손을 꼭 잡아주소서.
다함없는 사랑으로 충만한 당신의 위로가
간절히 필요합니다.
자비의 어머니시여, 부디 함께 하소서.

삼보에 귀의하며
구고구난 대성자모 관세음보살님께 비옵나이다.

나무 대자대비 관세음보살 …

부처님께 바치는 환자의 기도 Ⅳ

거친 삶의 파도 헤치며 살다가 살다가
병들고 지쳐버린 제 육신과 영혼이
이제 당신 앞에 섰습니다.

빛으로 영원한 생명의 빛으로
제 영혼 밝혀주실 여래시여!
죽음은 결코 삶의 끝이 아니라
또 다른 삶의 시작이라는
진리의 말씀 의지하며
제 육신의 사멸을 받아들이겠나이다.
「나무 아미타불」 (7번)

영원한 삶을 위하여
사십팔원 대원력으로 정토를 준비하신 부처님

죄 많은 중생 중생, 그 허물 묻지 않으시고
자비의 빛 영원한 생명의 나라로
이끌어 주시는 부처님
당신의 크신 은혜에 지심귀명 정례를 올립니다.

제 가족들 그리고 사랑하는 모든 사람들
당신의 자비에 맡기고 저는 당신께로 돌아갑니다.

지나온 많은 세월 말과 행동
그리고 어리석은 생각으로 지은 죄
헤아릴 수 없사오니
빛으로 영원한 생명의 빛으로 거듭나게 하소서.

「나무 아미타불」 (7번)

부처님께 바치는 환자의 기도 V

구고구난 대성자모 관세음보살님이시여!
저의 사대가 질병으로 무참히 무너져 내립니다.
가죽과 뼈만 앙상하게 남은 이 육신에 의사는
알 수 없는 주사를 몇 개씩 계속 꽂으려 합니다.
혈관조차도 굳어
주사를 놓을 혈관이 없다고 투덜거립니다.

자애로우신 어머니시여!
산산이 부서지는 육체의 고통과 죽음의 늪으로
자꾸만 다가서는 제 자신 두려움 때문에
깊은 밤에도 잠을 이룰 수가 없습니다.

관세음 관세음 관세음 보살님이시여!
저를 혼자 버려두지 마소서.

부디 저를 지켜 주소서.

고통과 두려움으로부터 …

이제 눈물도 메말라 버렸습니다.

저는 세상과 세상 사람들에게서

너무 멀리 떨어져 있습니다.

부처님!

시간이 얼마 남지 않았음을 저는 알고 있습니다.

어떤 치료로도 제 육신의 질병이

치유될 수 없음도

알고 있습니다.

이제는 살고자 발버둥치지 않으렵니다.

해야 할 일, 하고 싶은 일 많지만

모두 접어 버리렵니다.

오직 당신의 자비에

내 육신과 영혼을 맡기옵니다.

저를 지켜 주시고

당신의 국토로 인도하여 주소서.
태어나는 것도 어렵고
세상 살아가기도 무척 힘들었지만
죽는 일이 이렇게 힘들고 고통스러운 건지
미처 몰랐습니다.
죽음을 두려워하지 않으려고 애써 봅니다.
삶에 집착한들 무슨 소용이 있겠습니까.
존재하는 그날까지
감사하는 삶으로 회향하겠나이다.
삶 중에 미처 죽음을 준비하지 못했던
저의 어리석음을 참회하면서
남은 시간 더욱 나은 삶을 위하여
준비하겠습니다.

관세음 관세음 관세음보살님!
죽음의 저 언덕 넘어 갈 때
당신의 손 놓치지 않도록

정토를 향하는 길 잃지 않도록
함께 하여 주시리라 확신하며
정토왕생을 발원합니다.
중생의 어진 어머니이신 관세음이시여
제 마음에 모든 슬픔 거두어 주시고
기쁨과 환희로 가득 차게 하소서

아미타 부처님께 귀의합니다.
관세음 보살님께 귀의합니다.
대세지 보살님께 귀의합니다.

옴 아미데와 슈릿

부처님께 바치는 환자의 기도 Ⅵ

영원한 생명의 부처님!
몸서리치는 고통과 절망의 늪을 지나
제 영혼이 당신 앞에 다가서고 있습니다.
아미타 부처님이시어,
어리석고 무지했던 저의 삶을 돌아보니
후회밖에 남은 것이 없습니다.
질병과 죽음이 제 삶 속에
하나되어 굴러가고 있음을 잊고 살았습니다.
세상사람 다 병들고 죽어 가는 것 보고 들었지만
저와 제 가족들은 제외된 줄
착각하며 살아왔습니다.
저의 병명을 인정할 수 없었기에
몹시도 고통스러웠습니다.

저의 이기심과 삶의 집착으로 몸부림치며
마음에서 불타던 원망과 분노,
절망과 희망 이제 모두 내려놓으렵니다.
영원한 생명 그 빛으로 거듭나고 싶습니다.
저의 영혼을 구원하여 주옵소서.
당신의 48원 원력으로 정토가 준비되어 있기에
더 이상 이 세상에 대한 미련 갖지 않으렵니다.
죽음의 고통 중에도 부디 함께 하시며
연꽃나라 서방정토 태어나길 발원하오니
부디 저의 기도 들어주소서.

나무 아미타불
나무 아미타불
나무 본사 아미타불.

부처님!
병든 이 육신 끌어안고
제가 당신께로 다가갑니다.
아름답고 거룩한 땅
제 영혼 그 곳을 향하여 갑니다.
임종의 고통 중에 있을지라도
부디 저의 영혼을 지켜 주시고
제 손을 잡아 주소서.
정토를 향해 나아가는 걸음 걸음
미혹의 구름 일지 않게 하여 주소서.

옴 아미데와 슈릿.

제 **4** 장

임종기도문

임종기도 I
– 부처님께 바치는 호스피스 기도

황금빛 거룩한 모습이시여,
그 빛 흐르는 곳마다
많은 중생 평화로움으로 충만하여라.
오탁의 더러운 때 씻어 주실
자애로우신 아미타 부처님이시여,
원하옵니다. 무량 자비여,
간절한 저의 기도 받아주소서.
병고로 고통받던 저의 법우 ○○가
이제 이 세상을
떠나려 합니다.
자비로 인도하옵소서.
자비로 섭수하옵소서.
자비로 보호하옵소서.

작별의 시간이 가까워 지고 있습니다.
생명의 구원이신 부처님,
부디 이곳으로 강림하시어
따사로운 생명의 빛살로 두려움에 떨고 있는
저희 법우님의 영혼을 보듬어 주시옵고
가족들의 슬픔도 어루만져 주시옵소서.
고통스러운 육신을 벗어나
부처님의 품으로 돌아가시는
우리 법우님의 영혼을 고이
고이 받아 주시옵소서.
자비로 거두어 주옵소서.
극락정토에 태어나게 하옵소서.

옴 아미데와 슈릿(간절하게)

임종기도 II

준비의식

● 향을 꽂는다.

● 향물로 환자를 깨끗이 닦는다.

● 기도가 끝나면 염주를 손에 얹고 조용히

● 정토진언이 있으면 가슴에 넣어 드린다.

● 혹시 육체가 굳어져 있을 때에는 광명진언을 염송하여 바르게 펴드 린다.

● 깨끗하고 편안한 옷으로 갈아 입히고 가벼운 이불을 가슴까지 덮는다.

임종송

대중은 무릎을 꿇고 합장하여 엄숙히 진행한다.

무량한 자비의 바다여.

관세음

관세음

자비하신 어머니여!

당신을 부르며 떠나는 중생 여기 있나이다.
임종을 맞이하는 ○○○법우님의 육신이 머무는
이 곳으로 강림하여 주옵소서.
아름다운 연꽃으로 ○○○영혼을 고이 받아
지극히 거룩하신 아미타 여래께로
인도하여 주옵소서.

○○○영혼을 기쁨으로 맞이하실
아미타 여래시여.
극락의 맑은 물로 ○○○ 영혼의
일체 모든 죄업은 깨끗이 씻어 주시고
그 나라에서 영원히 살게 하여 주옵소서.

어머니여!
당신의 자비로움을
사바세계를 하직하는 그에게 드리워 주소서.
미묘한 능라의 감미로운 사랑으로

그를 안으시옵고
순수하고 아름다운 땅 극락 정토에 계시옵는
아미타 부처님께로 바쳐 주옵소서.
험하고 거친 사바세계에서 어리석고 무지하여
지은 죄업은 대 자비로써 용서하시고
극락의 맑은 물로 청정케 하여 주옵소서.

○○○영혼을 기쁨으로 맞아 주실
아미타 여래시여,
위 없이 높은 당신의 본원력에 의지하여
간절히 비옵나이다.
저희들의 곁을 떠나는
○○○법우님의 영혼을 받아주시어
부처님의 땅에서
영원한 생명 누리게 하여 주소서.
원합니다.
원합니다.

극락정토에 태어나길 원합니다.

원합니다.

원합니다.

아름다운 연꽃으로 태어나길 원합니다.

원합니다.

원합니다.

영원한 생명의 땅

우리의 고향 영원한 생명의 땅으로 돌아가나이다.

나무 아미타불.

임종기도 Ⅲ
– 환자, 성직자, 호스피스가 함께

자비하신 부처님 아미타 여래시여,
이 몸과 마음 다 바쳐 귀의하나이다.
기나긴 무량겁을 서원 세워 이룩한 극락세계는
저희들이 돌아갈 고향입니다.
부처님!
병든 이 육신 끌어안고
제가 당신에게로 다가갑니다.
마지막 고통 중에도 부처님의 모습을
뵈올 수 있도록 자비를 베풀어 주옵소서.
순수하고 아름다운 땅
이미 죽음을 벗어나
내 영혼 그 나라로 향하고 있습니다.
오! 거룩한 님이시여

죄 많은 중생, 중생 위하여
사십팔원 원력 세우신 위없는 대 자비여,
영원한 빛이요, 생명이옵신 부처님!
저는 오직 정토에 태어나기만을
간절히 원하옵니다.
오! 자비로우신 아미타 여래시여,
내 영혼 그 나라에 가서 나길
더욱 간절한 마음으로 비옵니다.

(거룩하고 엄숙한 목소리로 염송)
사바세계 고통바다 헤매이다 돌아오는
나의 자녀여,
이 극락세계는 너를 위하여
무진 세월 사십팔원 원력 성취하여 이룩한 세계라
조금도 두려워하거나 의심하지 말라.
그리고 내 모습을 생각하고 내 이름을 염송하라.
기쁜 마음으로 온전히 의지하라.

나의 국토 극락세계로 너를 데려가리라.

오직 한 마음 그 가운데 내 이름을 염송하라.

아름다운 연꽃 속에 몸을 받아

진리의 빛 속에 하나 되리라.

시방법계 모든 제불께옵서 기뻐하실 것이며

극락세계 모든 성중께옵서

마하만다라 꽃비로 맞아 주리라.

불가사의한 나의 원력 믿고

그 나라에 태어나고자 발원하는 자는

무량한 생명을 얻으리라.

(기도자는 임종자를 대신하여 간절하게)

부처님!

부처님!

자비로우신 부처님!

제 영혼을 당신의 손에 온전히 맡기나이다.

두려움에 떨고 있는 제 영혼을 받아 주옵소서.

어머니여!
어머니여!
자비로우신 어머니 관세음 보살님이시여,
저를 위하여 빌어 주옵소서.
마지막 고통 중에도 저를 도와 주옵소서.
희미하게 꺼져가는 모진 목숨
어머니의 거룩한 자비에 맡기오니
부디 저를 거두어 주옵소서.
아침해가 떠오르면 어두운 세상 흔적 없듯
생명의 불꽃 이 육신을 떠날 때,
극락의 즐거움 맛보게 하소서.
사대육신 몸을 삼아 태산 같은 죄만 짓고
질병, 고통, 근심, 걱정 한 평생이 짧았거늘
무상한 이 육신 무너지고 있습니다.
대자 대비 하옵신 원력으로
저의 악업의 무명을 밝혀 주옵소서.
윤회의 사슬에서 저를 구하여 주소서.

뜨거운 생명의 빛으로

만겁의 죄업을 녹여 주옵소서.

이 한 몸 마지막 숨길 아미타 여래께 맡기오니

저의 영혼 님의 품에서 머물게 하소서.

아름다운 연꽃으로 이 영혼 받아주실 여래시여!

부처님의 원력 바다로 돌아가 의지하나이다.

저의 앞날 당신의 손에 맡기오니

두려움과 슬픔에서 저를 지켜 주소서.

지옥의 사자들로부터 저를 지켜 주소서.

아름답고 순수한 땅

정토를 향하는 오직 한 마음으로 발원하나이다.

정토에 태어나기를 간절히 발원하나이다.

나무 아미타불.

임종기도 Ⅳ
– 어린 환자 임종기도

관세음 관세음
자비하신 어머니여,
원하옵니다. 자비시여,
어린 영혼이 당신의 품으로 다가서고 있나이다.
당신의 아름답고 미묘한 능라로
감싸 안아 주옵소서.

관세음 관세음
자비하신 어머니여,
당신의 이름 목숨 바쳐 부르옵니다.
세상에 태어나 삶과 죽음의 의미조차도 모른 채
문명의 희생양이 되어
당신의 품으로 돌아가나이다.

천의 눈으로 어린 영혼을 지켜 주시고
천의 손으로 그를 안으시옵고
정토에 태어나게 하여 주소서.

가없는 중생 사랑하시는 까닭에
천의 손과 천의 눈이 되신 자비의 어머니시여,
목숨 바쳐 부릅니다.
어린 영혼을 사랑한 모든 이를 위로하여 주시며
금강 같은 신심으로 인연법을 깨닫게 하소서.

어린 영혼을 불쌍히 여기시어
(성스럽고 거룩하고 힘있게)
나고 죽음 없는 정토에 태어날 수 있도록
자비와 사랑으로 가피하여 주소서.

옴 아미데와 슈릿.

임종 후 기도 Ⅰ

신원적 ○○○ 영가님이시여!
저희들이 염송하는 기도에
마음을 집중하여 들으소서.
영가님은 이제 영혼과 육신이 분리되어
각각 인연따라 돌아 갈 것입니다.
영가님의 영혼은
육신의 무거운 짐 다 잊어버리시고
홀연히 사바세계를 벗어나
아미타 부처님 계시옵는
극락세계에 머물게 될 것입니다.
사랑하는 나의 법우여!
지금부터 오직 일념으로
아미타 부처님의 불호를 염하소서.
아미타 부처님의

맑고 환한 빛을 맞이하게 될 것입니다.

신원적 ○○○ 영가님이시여

아미타 부처님의 광명을 따라

극락세계로 가시옵소서.

사랑하는 나의 법우여(다정하게),

방황하거나 두려워하는 마음 일으키지 마시고

고요하고 평화로운 마음으로 고이 합장하고

서쪽을 향하여 아미타불을 부르소서.

내 이제 영가님을 위하여 미묘한

아미타 부처님의 자비의 만트라를 염송하옵니다

「옴 아미데와 슈릿」(흩어진 정신을 모아 줌)

신원적 ○○○ 영가시여,

아미타 부처님의 광명을 따라

부디 편안히 가시옵소서.

극락세계의 모든 성인들께옵서

지옥의 나라들과 허공 중에 떠도는 혼귀들로부터

영가님을 보호하여 주실 것입니다.

자비의 바다

자애로우신 어머니

관세음보살님이시여,

신원적 ○○○ 영가를 부디 지켜주소서.

금일 영가님께옵서 편안하신 마음으로

본래의 고향으로

돌아 갈 수 있도록 부디 지켜주옵소서.

신원적 ○○○ 영가시여,

극락세계의 모든 성인들께서

영가님을 보호할 것입니다.

아미타 부처님께옵서 친히 맞아 주실 것입니다.

마음의 귀를 크게 여시고

저희들의 기도를 들어주소서.

아미타불 심주

「옴 아미데와 슈릿」 (슬프고 간절하게)

아미타불 본심미묘진언

「다냐타 옴 아리 다리 사바하」

상품 상생 진언

「옴 마리 다니 사바하」

나무 아미타불.

임종 후 기도 Ⅱ
– 발인 시다림

대자대비하옵신 서방교주
아미타 부처님이시여,
오늘 이 자리에 모인 저희들은
신원적 ○○○영가의 왕생극락을
발원하고 있사오니 굽어 살펴 주옵소서.
오늘의 이 공덕으로
신원적 ○○○영가님께서
생전에 못다한 공덕 원만해져서
부디 극락세계에 왕생하도록
이끌어 주옵소서.
아울러 유족의 슬픔을 거두시어
하루 속히 평온을 회복하게 하여 주시고,
그의 가정이 더욱 평안하고 가족은 건강하며

이생에서는 행복을,
내생에는 법락을 누릴 수 있도록
보살펴 주옵소서.
지희들이 지성으로 합장하고
머리 숙여 부처님께 원하오니 대자비를
내리시어 ○○○ 영가 극락왕생 하시도록
굽어 살펴 주시옵소서.

나무 아미타불.

임종 후 기도 Ⅲ

죄업을 참회하고 나쁜 습관 변화시켜
보살의 길 닦으리라.
아침이슬 우리 인생 슬픔 없어지거라.
비우고 밝힘은 최상의 행복,
꿈 같은 세상을 바로 보는 길
금일 ○○○ 영가시여!
윤회 세계의 고통에서 벗어나
청정한 저 국토에 어서 빨리 가옵소서.

금일 ○○○ 영가시여!
경전(아미타경)의 말씀 귀기울여 들으시고
이고득락 왕생극락하십시오.
인간의 욕망이 바로 그의 운명입니다.
왜냐하면 그의 욕망이 바로 그의 의지이기

때문입니다.

그리고 그의 의지는 그의 행위로 나타나며

그의 행위는 곧 그가 받게 될 결과로 나타납니다.

그것이 좋은 것이든 나쁜 것이든

인간은 그가 집착하는 욕망에 따라 행동합니다.

그리고 그가 한 행위들의 미묘한 인상을 마음에

지니고서 다음 세상으로 갑니다.

그리고 그 행위들의 수확을 그 곳에서

거둔 다음에 이 욕망의 세계로

다시 돌아옵니다.

이와 같이 욕망을 가진 자는

끝없는 생사 윤회의 고통에서

벗어날 수 없습니다.

금일 ○○○ 영가시여!

이제 그대는 순수한 존재의 근원에서

비치는 투명한 빛을 경험하고 있습니다.

그것을 깨달아야 합니다.

○○○ 영가시여,

그대의 현재의 마음이 곧 존재의 근원이며

선악을 초월한 불성입니다.

그것은 본래 태어남도 없고 죽음도 없는

것입니다.

○○○ 영가시여,

자신의 본래 면목 법신 생명

'다르마 카야'를 깨닫는 것이

생사 윤회의 고통에서 벗어나는 길입니다.

스스로 마음의 광명을 보지 못하시거든

아미타불의 큰 서원을 믿고

극락정토에 마음을 향하십시오.

그리고 나무 아미타불을 염송하옵소서.

나무 아미타불 !

임종 후 기도 Ⅳ

○○○ 영가님이시여!
사바세계를 여의시고
영가 이제 열반의 세계로 향하고 있습니다.
허둥대거나 방황하거나 두려워하지 마십시오.
지금 대중들이 부르는 염불소리와
스님께서 영가에게 드리는 법문에
마음의 귀를 크게 여십시오.
영가님은 이제 죽음에 이르른
중음세계의 몸이 되었습니다.
이제는 오직 불보살님만이
영가님을 도울 수가 있으니 영가님은 의심하지
말고 깊고 맑은 믿음을 일으키십시오.
불꽃이 휘날리고 얼음 바람이 휘몰아쳐도

오직 한 마음으로
한결같이 아미타불만을 부르십시오.
악업으로 일어나는
두려운 현상들이 맑게 개일 것입니다.
일체의 두려움과 괴로움이 사라질 것입니다.
그리고 아미타불의 자비로움에 의지하여
정토에 태어나게 됩니다.
○○○ 영가시여,
본디 덧없지 않은 것이 없습니다.
과거, 현재, 미래 그 어떤 일도 다 놓아버리시고,
오직 간절함으로 아미타불을 부르소서.
누구도 영가님을 도울 수 없습니다.
오직 아미타불만이 영가님의 빛이 되고
길이 될 수 있으니 맑은 마음 기울여서
일념으로 아미타불을 염송하소서.

나무 아미타불

길 …

삶 그리고 죽음

두려움과 고통의 소용돌이 속에서

헌신의 노래로 자비를 꽃 피우는 사람들

섣달 긴긴 밤 작은 등불이 되어

하얀 겨울꽃 밝혀 주는 사람들

손 내밀면 가만히 잡혀 오고

손 내밀면 가만히 잡혀 주는 사람들

삶의 종착역에서 어디를 향해

떠나야 할지 몰라 방황하는 그들에게

좋은 친구가 되어주는 사람

그 사람들을 호스피스라 이름 붙여 부른다.

제 5 장

바르도 기도문

바르도 기도문 Ⅰ
- 임종 ~ 49재까지

모든 스승님과 동·서·남·북의 수호신장과
극락세계의 아미타 부처님께 엎드려 절합니다.
바라옵건대 큰 자비를 베푸사
저를 진리의 길로 이끌어 주소서.

제가 심한 혼란 속에 윤회 세계를
방황하고 있을 때
스승들의 가르침을 잊지 않고
나무 아미타불을 염불하여
흔들리지 않는 빛의 길을 가게 하소서.
바르도의 어두운 길을 잘 지나가게 하시며
그리하여 제가 완전한 깨달음의
경지에 이르게 하소서.

제가 어두운 무지 때문에 윤회 세계를
방황하고 있을 때
비로자나 부처님의 인도를 받아
궁극적인 지혜의 투명한 빛 가운데로
들어가게 하소서.
바르도의 어두운 길을 잘 통과하게 하소서.
그리하여 제가 완전한 깨달음의
경지에 이르게 하소서.
제가 강한 원한 때문에 윤회 세계를
방황하고 있을 때
동방세계 아촉불의 인도를 받아
거울 같은 지혜의 투명한 빛 가운데로
들어가게 하소서.
바르도의 어두운 길을 잘 통과하게 하소서.
그리하여 제가 완전한 깨달음의
경지에 이르게 하소서.

제가 강한 아집 때문에 윤회 세계를
방황하고 있을 때
남방세계 보생불의 인도를 받아
평등하게 보는 지혜의 투명한 빛 가운데로
들어가게 하소서.
바르도의 어두운 길을 잘 통과하게 하소서.
그리하여 제가 완전한 깨달음의
경지에 이르게 하소서.

제가 지나친 욕심 때문에 윤회 세계를
방황하고 있을 때
서방세계 아미타불의 인도를 받아
지혜의 투명한 빛 가운데로 들어가게 하소서.
바르도의 어두운 길을 잘 통과하게 하소서.
그리하여 제가 완전한 깨달음의
경지에 이르게 하소서.

제가 심한 질투심 때문에 윤회 세계를
방황하고 있을 때
북방세계 불공성취불의 인도를 받아
성취하는 지혜의 투명한 빛 가운데로
들어가게 하소서.
바르도의 어두운 길을 잘 통과하게 하소서.
그리하여 제가 완전한 깨달음의
경지에 이르게 하소서.

제가 다섯 가지 심한 독으로 윤회세계를
방황하고 있을 때
오방여래의 인도를 받아
다섯 가지 지혜가 어우러진
투명한 빛 속으로 들어가게 하소서.
아미타불과 지장보살이 수호자가 되어
윤회의 세계에서 저를 구원해 주소서.
제가 바르도의 어두운 길을 잘 통과하여

지극히 순수한 땅 아미타불의
극락정토에 태어나게 하소서.

나무 서방 대교주 무량수 여래불 나무 아미타불

바르도 기도문 II

임종의 순간에 자비의 빛으로
이끌어 주시는 아미타불이시여,
내 생명의 불꽃이 소멸되어 갈 때
사랑하는 가족들이 더 이상 나를
도울 수 없을 때
바르도의 세계에서 방황하지 않을 수 없을 때
자비로운 부처님이시여,
미망에서 일어나는 무지의
짙은 안개를 걷어 주소서.

임종의 순간에 그 이름만 불러도
구원의 손길을 주시는 아미타불이시여,
사랑하는 친구들과 이별을 하고

어두운 저승길에서 홀로 방황할 때
공허한 환상만이 눈에 보일 때
자비로운 부처님이시여,
미망에서 일어나는 두려움의
짙은 안개를 걷게 해 주소서.
죽음의 순간에 세 가지 독이 사라지고
내 생명의 본질이 드러날 때
그 빛의 실체를 똑바로 보게 하소서.
두려움에 눈 멀지 않게 하소서.
그 빛이 곧 저 자신이라는 것을 알게 하소서.

다섯 가지 지혜의 빛이 비칠 때
두려워하지 않게 하소서.
그 빛이 곧 저 자신이라는 것을 알게 하소서.
자비로운 모습의 부처님들과
무서운 모습의 수호신들이 나타날 때
제가 바르도에 들어 왔다는 것을

두려움 없이 인식하게 하소서.
자비의 빛으로 중생들을
구원해 주시는 아미타불이시여.
어둠 속의 중생들을 큰 서원의 힘으로
구제해 주시는 지장보살이시여.
제가 나쁜 업력 때문에 어려움을 겪을 때
고통과 두려움에서 건져 주소서.
실체 세계가 밀려오는 소리가 하늘이 무너지는
천둥소리처럼 들릴 때 그 소리가
'나무 아미타불' 의 울림으로 들리게 하소서.

자비의 빛으로 이끌어 주시는 아미타불과
지옥의 중생을 구제해 주시는 지장보살이시여,
제가 업력의 힘에 질질 끌려다닐 때
고통과 두려움에서 건져 주소서.
제가 생전에 지은 죄업과 본능의 힘 때문에
고통 당할 때

투명하게 빛나는 삼매의 희열을 허락하소서.
제가 새로 태어나기 위해
탄생의 바르도로 접어들 때에
본능의 힘에 끌려 나쁜 세계에
들어서지 않게 하소서.
나쁜 업력에 영향을 받지 않고
제가 원하는 속에 태어나도록 이끌어 주소서.

무섭게 울부짖는 짐승들의 소리가 들려올 때
두려워하지 않고 그 소리가
'나무 아미타불'의 울림으로 들리게 하소서.
불꽃 속에 던져지고 얼음바람이 휘몰아쳐도
밝게 빛나는 지혜의 모든 중생들이
서로 미워하지 않고 모두 좋은 세계에
다시 태어나기를 바랍니다.
저로 하여금 탐욕에서 비롯되는 배고픔과
목마름의 고통을 당하지 않게 하소서.

제가 몸을 섞고 있는 미래의
부모를 보게 될 때
그들을 자비로운 부처님과
그의 동반자로 보게 하소서.
제 자신이 태어날 곳을 스스로
선택할 수 있게 하소서.
상서로운 존상을 지니고 중생들에게
도움이 되는 존재로 태어나게 하소서.

임종의 순간에 그 이름만 불러도
구원의 손길을 주시는 아미타불이시여,
바르도의 세계에서 그 이름만 불러도
자비의 빛을 주시는 아미타불이시여,
완성된 진리의 힘으로
제 모든 기도를 이루어 주소서.
「나무 아미타불」(3번)

바르도 기도문 Ⅲ
– 시다림 및 49재 때

길을 보여주신 부처님과 보호해 주시는 정법과
이끌어 주시는 스승님들
거룩한 삼보님께 귀의합니다.

큰 자비로 중생들을 이끌어 주시는
아미타 부처님과
지옥의 중생들을 구원해 주시는
지장보살님이시여,
본래의 서원 저버리지 마시고
오늘 ○○○에서 봉행되는
천도 법요식에 내려오셔서
저희들이 정성으로 준비한 공양물과
마음으로 만든 공양물을 받으소서.

자비로우신 부처님이시여,

지금 ○○○ 영가가 이 세상의 삶을 마치고

저 세상으로 가고 있습니다.

그는 지금 큰 이동을 하려고 합니다.

그는 이제 친구가 없습니다.

고통과 두려움은 참으로 큽니다.

그는 이제 지켜 줄 이도 보호해 줄 이도 없으며

아무런 능력도 동행자도 없습니다.

그는 이제 이 세상의 빛을 저버렸습니다.

그는 이제 다른 곳으로 갑니다.

그는 무거운 어둠 속으로 들어갑니다.

그는 가파른 절벽 아래로 떨어집니다.

그는 고독의 밀림 속으로 들어갑니다.

그는 카르마의 힘에 끌려 다닙니다.

그는 안정이 없는 곳으로 들어갑니다.

그는 큰 갈등 속에 빠집니다.

그는 거대한 악귀들의 포로가 됩니다.

그는 죽음의 왕이 보낸 사자 때문에
두려움과 공포에 빠집니다.
카르마가 그를 윤회 속으로 끌어당깁니다.
그는 아무런 힘도 없습니다.
그는 이제 혼자서 가야 할 때가 왔습니다.
아, 자비의 광명으로 중생들을 이끌어 주시는
아미타 부처님이시여!
서원의 힘으로 생사의 어둠에 빠진 중생들을
구원해 주시는 지장보살님이시여,
아무도 지켜주는 이 없는 금일 ○○○영가를
지켜주시고 동행자가 되어 주소서.
보호받지 못하는 그를 보호해 주소서.
사후세계의 어둠으로부터 그를 보호해 주소서.
카르마의 붉은 광풍으로부터
그를 비켜 가게 하소서.
죽음의 왕들에 대한 공포와 두려움으로부터
그를 벗어나게 하소서.

사후 세계의 길고 좁은 여행길로부터
그를 구원해 주소서.
아, 자비의 광명으로 중생들을 이끌어 주시는
아미타 부처님께 귀의하오니
금일 ○○○영가를 품에 안아
당신의 국토로 이끌어 주소서.

나무 아미타불.

무상

가을 하늘 저 기러기
서산을 향하니
무상 노래 허공에 흩어지네.

실낱 같은 여린 목숨
쇠줄인 줄 알았더니
속절 없는 한 세월
숨 한 번 몰아 쉬니
산 세상
죽은 세상
모두가 허상일세.

무정한 죽음 앞에
사대는 허공의 꽃이 되고
외로운 혼만이 쓸쓸히 떠나네.

인생이여!
추풍에 한 잎 낙엽이더라.

제6장

극락왕생기도문

연지 대사 왕생 극락 발원문

극락세계에 계시오며 중생을 이끌어 주시는
아미타 부처님께 귀의하고
그 세계에 가서 나기를 발원합니다.
자비하신 원력으로 굽어 살펴 주옵소서.

저희들이 네 가지 은혜로운 이와
삼계 중생들을 위해
부처님의 위없는 도를 이룩하려는 정성으로
아미타불의 거룩하신 명호를 일컬어
극락세계에 가서 나기를 원하나이다.
업장은 두텁고 복과 지혜가 엷어서
마음은 더러움에 물들기 쉽고
깨끗한 공덕 이루기 어려워

이제 부처님 앞에서
지극한 정성으로 예배하고 참회하나이다.

저희들은 끝없는 옛적부터 오늘에 이르도록
몸으로 또 마음으로 한량없이 지은 죄를
모두 녹여 버리고 오늘부터 서원 세워
나쁜 짓 멀리하여 다시 짓지 아니하고
보살도를 항상 닦아 물러나지 아니하며
정각을 이루어서 중생을 제도코자 하나이다.

아미타 부처님이시여,
대자대비하신 원력으로 저를 증명하시며
어여삐 여기고 가피 주시어
선정에서나 꿈속에서나
아미타불 거룩한 상호를 뵙게 하여지이다.

장엄하신 국토에 감로를 뿌려 주시고

광명 비춰 주심으로 업장은 소멸되고
선근은 자라나며 번뇌는 없어지고
무명은 깨어져서
원각의 묘한 마음 뚜렷하게 열리어
적광의 참 세계가 항상 앞에 나타나지이다.

또 이 목숨 마칠 때 그 시간 미리 알아
여러 가지 병고 액난이 몸에서 없어지고,
탐·진·치 온갖 번뇌 씻은 듯이 사라지며,
육근이 화락하고 한 생각 분명하며
이 몸을 버리기 선정에 들 듯하게 하소서.

그 때에 아미타불께서
관음, 대세지 두 보살과 청정 성중 거느리시고
광명 놓아 맞으시며 대자대비로 이끄사
높고 넓은 누각들과 아름다운 깃발들과
맑은 향기, 고운 음악, 거룩한 극락세계로

인도하여 주옵소서.
보는 이, 듣는 이들 기쁘고 감격하여
위없는 보리심 다 같이 발하올 제
이 내 몸 연화보좌 금강대에 올라 앉아
부처님 뒤를 따라 극락 정토 나아가지이다.

칠보로 된 연못 속에 상품 상생한 뒤에는
불보살님 위없는 미묘한 법문 듣고
무생 법인 깨치며 부처님 섬기옵고
수기를 친히 받아
삼신, 사지, 오안, 육통, 백천 다라니와
온갖 공덕을 원만하게 이루어지이다.

그 뒤엔 사바세계에 다시 돌아와
한량없는 분신으로 시방 국토 다니면서
여러 가지 신통력과 가지가지 방편으로
무량 중생 제도하여 탐·진·치 멀리 떠나

깨끗한 마음으로 극락세계 함께 가서
물러나지 않는 자리에 오르게 하렵니다.
세계가 끝이 없고 중생이 끝이 없고
번뇌 업장 모두 끝이 없기에
저의 서원도 끝이 없나이다.
저희들이 지금 예배하고 발원하여
닦아 지닌 공덕을 온갖 중생에게 베풀어
네 가지 은혜 골고루 갚고
삼계 유정을 모두 제도하여
다 함께 일체 종지를 이루게 하소서.

나무 아미타불 !

왕생발원문 I
- 시다림 갔을 때

일천 강에 달 그림자 금빛 물결 이루고
메아리 소리를 응해 골을 타고 내리듯
중생의 지극 정성 사무쳐 간절하면
언제 어디서나 감응해 오시는 부처님,
다겁생 이래로 인연이 두터워
한 가족으로 만났으나
또 다른 인연의 흐름을 막지 못해
이렇게 아쉬움을 남기고
우리의 곁을 떠나 영원의 세계로 향했으니
텅 빈 가슴을 안고
슬픔에 잠겨 있는 가족들의 마음을
무엇으로 어떻게 위로하여야 하겠습니까?

여기 ○○을 여의고 고통스러워하는
○○불자와 그 가족 모두에게 심신이
안정될 수 있도록 가피를 내려 주시옵소서.

태어난 자는 반드시 죽고
만나면 이별하는 것이 우주의 진리인 것을
○○○영가께서는 우리에게
교훈으로 보이기 위해 먼저 가신 것입니까?

이 세상에 와서 못 다한 일들에 대한
끊임없는 집착을 훌훌히 털어버리고
아미타 부처님의 대자대비 원력바다
연꽃 속에 태어나서
무생 법인의 법락을 누리소서.

그리하여 남은 유족과 권속 친지들
건강히 뜻하는 일 다 잘 이루어지고

부처님 법의 문에 나아가 돈독한 신심을 가꿔
위없는 깨침의 언덕에 이르도록
자비를 베풀어 주소서.

다시 한번 서방정토 아미타 부처님께 절하며
○○○영가께서
왕생 극락하시기를 발원하오니
부디 가피하여 주옵소서.

나무 아미타불.

왕생발원문 II
– 시다림 갔을 때

대자대비하신 부처님
지혜와 자비로써
일체 중생을 깨달음의 언덕으로 인도하심에
저희들은 지성으로 감사드리며
이제 이생의 인연이 다한 ○○○불자가
극락세계에 왕생하기를 발원하오니
바라옵건대,
대자대비의 위신력으로 섭수하여 주옵소서.

○○○영가님께서는 모든 미련
모든 집착에서 벗어 나시어
보살도를 닦아 모든 중생을 제도하는
큰 원을 발하여지이다.

아미타 부처님의 크신 원력으로
극락 정토에 태어나서
불보살님을 항상 뵙고
미묘 법문 깨달아지이다.
크신 원력 갖추시고
찬란한 대위력 성취하신 아미타 부처님,
큰 광명으로 온 국토 비추어
이 땅 모든 중생을 널리 제도하소서.

다시 바라옵건대,
○○○불자의 가정과 그 가족에게
각별하신 가피 내려 주시옵소서.
어느 때나 부처님의 크신 법문 받들어
안락하여지이다.

부모님과 자손과 형제들과 권속들이
모두 다 건강하고 화목하며

수명은 수미산같이 높아지고
복과 지혜는 바다처럼 넓어지오며
일체의 고통은 눈처럼 사라지고
뜻하는 일 모두 원만하게 성취하여지이다.

오늘 이후 ○○○불자의 가정에
밝고 따뜻한 훈기 더욱 크게 넘쳐서
널리 모든 이웃에게 빛이 되고 힘이 되며
겨레와 나라를 위해 헌신하며
육바라밀을 실천하고
부처님 법을 전하고 서원을 성취하여
모든 중생 다 함께
서방 정토 극락세계에 태어나 지이다.

나무 아미타불.

호스피스(Hospice)란 무엇인가

호스피스(Hospice)의 개념

호스피스(hospice)라는 단어는 라틴어의 어원인 hospes(Host-주인, 또는 Guest-손님) 또는 hositum(손님 접대, 손님을 맞이하는 장소)으로부터 기원되었는데 주인과 손님이 서로 돌보고 손님에게 편안한 장소나 공간을 제공하는 것을 의미한다. 고대 후기와 중세 초기에 사용하던 hospital, hostel, hospice, hotel도 지금은 다른 뜻을 가지고 독립적인 용어로 사용되고 있지만 모두 같은 라틴어의 어원에서 기원하였으며 이것 역시 같은 의미를 지니고 있다.

순례자나 여행자가 하룻밤 쉬어가던 휴식처를 '호스피스(Hospice)'라 하여 이러한 이유 때문에 오늘날에는 호스피스의 개념이 한 생(生)에서 다른 생(生)으로 가는 여행자에게 문이 열려 있다는 것을 의미하는 것으로 해석되기도 한다.

호스피스는 여러 가지로 정의되는데, 웹스터사전에는 여행자를 위한 숙소(宿所), 또는 병자나 가난한 사람들을 위한 집이라고 하였으며, 스테드맨(Stedman)의 의학사전에서는 죽어 가는 사람과 가족에 대한 신체적·심리적·영적 돌봄의 형태로 공식적이고 지지적인 서비스의 제공에 중점을 둔 프로그램을 실시하는 공공시설이라고 하였다.

현재의 호스피스에 대한 개념이 정립되기 시작한 것은 1970년대 말기로서 이 시기 이후부터 호스피스 개념에 대한 학문적 접근이 이루어지기 시작하였다.

1978년 미국의 NHO(National Hospice Organization)에서는 "임종은 자연스런 삶의 한 과정으로서 모든 사람은 자신의 임종에 참여할 권리가 있다. 호스피스는 임종환자를 위한 것으로 기존 의료 체계의 보다 나은 대안이며 의료 지식을 포함한 모든 필요 전문지식을 동원하여 임종환자의 삶의 질을 높이게 하여 환자로 하여금 죽음을 부정하게 하는 것이 아니라 임종시까지의 삶을 확인시킨다.

호스피스는 독립된 전문기관에서 간호사가 중심이 된 종합의료팀이 임종환자 및 그 가족을 위해 지속적인 돌봄(Care)을 제공하는 의료 프로그램이다. 호스피스는 환자와 그 가족이 임종말기 및 임종 후에 겪는 모든 신체적 · 정신적 · 사회적 · 경제적 어려움을 해결할 수 있도록 지원한다. 이 같은 지원은 환자의 경제적 여건과는 관계없이 하루 24시간 중 어느 때라도 제공되어야 하며 환자의 진료 및 교육을 위해 모든 사항에 대한 기록을 유지한다."라고 정의하고 있다.

1988년 대한간호협회에서는 "호스피스의 개념의 특징은 간호하는 공동체이지 치료하는 공동체가 아니다. 즉, 말기환자와 그 가족을 위한 사업(Hospice Program)이다. 일반적인 개념으로는 말기환자에게 장소를 제공하는 것이지 생명을 연장시키거나 또는 죽음을 촉진시키는 곳이 아니다."라고 하였다.

이와 같이 호스피스는 죽음에 대한 고요한 통찰력을 갖도록 하여 임종환자가 임종을 자연스런 삶의 한 과정으로서 긍정적으로 받아들이고 남은 여생동안 인간으로서의 존엄성과 높은 삶의 질을 유지하며 그의 마지막 생을 가족과 친지들로 둘러싸여 평온하게 최종의 날을 맞도록 도와주는 것이다. 호스피스는 돌봄의 공동체로서 정의되기도 한다. 간호사가 중심이 된 종합의료팀이 인간이 죽기 전에 머물면서 쉬고 생을 정리하고 완성하여 조화를 이루는 작업을 하도록 시간과 공간을 제공하는 전인적인 의료프로그램이다.

즉, '호스피스(Hospice)'는 말기환자와 그 가족을 사랑으로써 돌볼 수 있는 총체적·전인적 간호체계와 프로그램 및 환경을 갖춘 공간이며 장소인 것이다.

호스피스(Hospice)의 철학과 목적

1) 호스피스의 철학

호스피스의 철학은 '사랑'으로 시작한다. 중세 유럽사회의 종교적 배경 속에서 태동한 호스피스는 "모든 사람들에게 사랑과 자비를 베풀고 실천한다."는 종교적 이념을 바탕으로 앞에서 살펴 본 호스피스의 개념 속에도 잘 나타나 있듯이 그 철학의 바탕을 '사랑'에 두고 있다.

임종을 앞둔 환자와 그 가족을 대상으로 인간의 존엄성을 인정하고 육체적인 문제뿐만 아니라 정서적·영적 문제를 전인적으로 다루며 사랑으로 돌보아 주는 것이 호스피스의 철학인 것이다.

또한, 과학기술의 급격한 발달로 산업화, 기계화, 비인간화, 인간성의 상실 등으로 인하여 가치관과 윤리관의 혼란, 물질만능주의의 팽배, 인간 경시 풍조가 만연됨에 따라 인간 존중과 인간 이해, 자기 결정과 창의성을 소중히 하는 인도주의와 인간을 전체로 이해하는 총체주의, 즉 총체적 인간관이란 "인간은 총체적·사회적·심리적·영적인 면의 합이 아니라 그 이상으로 소중하고 존엄한 존재이다."라는 것이다.

호스피스의 철학은 인간 생명의 사랑에서 시작하여 인간의 존엄성을 소중히 여기는 마음에서 이어지는 사랑으로서 죽음을 하나의 지나가는 과정으로 받아들이고 현재의 순간을 사랑하는 것이다. 죽음을 앞둔 말기환자들에게는 현재가 있고 죽음이 있고 죽음을 넘어선 내세가 있다. 그러므로 호스피스 철학은 현재 살고 있는 지금 이 순간을 사랑하며 최선을 다해 살아가는 것이므로 삶 자체에 모든 초점이 맞추어져 우리가 어떻게 마지막 순간을 잘 살아가느냐 하는 것이다.

호스피스의 철학은 사랑을 통한 인간 존엄성의 회복으로 인간의 존엄성을 인정하고 죽음을 맞이하고 있는 말기환자와 그 가족들의 신체적·정서적·영적·사회적 고통을 전인적 간호를 통한 사랑의 실천으로 환자와 그 가족에게 남아있는 삶의 질적인 향상을 도모하며, 삶과 죽음에 대한 올바른 인식 그리고 긍정적인 수용으로써 환자에게는 자신의 생명과 존재에 대한 신성한 권리가 있음을 알게 하고 임종의 순간까지 뜻있는 삶을 영위하도록 하여 인간의 존엄성을 회복하고자 하는 것이다.

2) 호스피스(Hospice)의 목적

호스피스는 근본적으로 완화요법을 목표로 하고 있으며 환자의
증상 조절과 밀접하게 관련되어 있다. 그러나 환자의 증상은 신체적
인 것뿐만 아니라 정서적 · 영적 · 그리고 사회 · 경제적인 제반 문제
점을 포함한다. 우선 환자는 암과 같은 만성 질환에 따른 심한 동통
과 호흡 곤란, 구토 등의 지속적인 증상에 의해 고통을 받게 되며 이
같은 신체적 고통의 완화는 호스피스의 근본적인 목표가 된다.

또한 환자의 정신적 고통은 자신의 병에 원인을 둔 불안과 공포,
고독감 등이고 정도의 차이는 있으나 모든 말기 환자가 이러한 정신
증상을 지니고 있다. 죽음에 대한 공포, 죽음 후의 세계에 대한 불안
등으로 환자의 마음은 심하게 흔들리고 있다. 죽음은 어디에서도 겪
지 못했던 단 한 번뿐인 경험으로서 자신의 죽음과 대치해야만 하는
심신의 극한 상태이다. 이 같은 고통을 달랠 수 있는 방법 중의 하나
는 종적으로는 종교적인 힘에 의지, 그리고 횡적으로는 신뢰에 넘친
인간관계의 확립이며 호스피스는 이러한 방법을 통해 환자들의 고
통을 덜어줄 수 있도록 노력해야 한다.

일반적으로 병원이 추구하는 검사, 진단, 치료 및 회복(생명연장)
이라는 4가지 기본목적이 있는데, 이와 같은 의료목적과는 대조적으
로 호스피스의 주요목적은 증상의 완화로 환자가 가능한 범위 내에
서 평화롭고 가치 있는 인생을 살아갈 수 있도록 하는 것이다. 이를

위해 호스피스 내에서는 말기환자를 위해서 다음의 4가지의 큰 목적을 수행한다.

① 질병에 의한 고통에서의 해방
② 케어(Care)를 위한 환경의 보장
③ 편안하고 유능한 경험이 있는 간호의 제공
④ 환자와 가족에 대해서 그들이 필요로 하는 원조를 하는 것

1978년 미국의 NHO에서는 호스피스의 목적을 "임종환자, 말기환자와 가족들이 평안하고 의미 있게 죽음을 맞이하도록 돕기 위해 질병과 관련된 증상 완화, 안위로운 환경 제공, 환자나 가족들이 포기하지 않도록 지지하고 사별에 따른 가족 간호, 숙련된 간호를 제공하는 것이다."라고 하였으며, 이경식 박사는 "임종을 앞둔 환자에 관련된 모든 환경 즉 환자와 마찬가지로 신체적·정신적으로 고통을 받는 그 가족까지도 함께 치료함을 목적으로 한다."고 하였다.

호스피스의 일차적인 목적은 첫째로 말기환자에게 진실을 알리는 것이다. 일반적으로 죽음의 사실을 환자 본인에게 알려야 하는지에 대해서는 망설이게 되는데 이런 경우, 호스피스에서는 본인에게 알려주어야 한다고 주장한다. 왜냐하면 진실을 알림으로써 남은 생을 정리하게 하여 더욱 더 보람있게 살 수 있도록 하고 마음의 문을 열고 그 동안 닫혀 있던 부분까지 이야기할 수 있도록 하여 보다 편안한 죽음을 맞이할 수 있게 하기 위해서이다.

두 번째는 남아있는 삶 동안 고통스런 증상을 완화시키고 환자와 가족의 신체적 · 정서적 안위 도모를 최대한으로 하는 데 그 목적이 있다.

세 번째는 말기환자를 지지하고 끝까지 포기하지 않는다는 것을 인식시켜 주어 평화로운 죽음을 유도하는 것이다.

네 번째는 병원에서의 케어(Care)와 더불어 환자의 가정에서 케어(Care)를 제공함으로써 가족의 정서적 · 심리적 지지를 도모하고 환자와 가족에게 지속적인 케어(Care)를 제공하는 것이다.

다섯 번째는 사별가족을 위한 케어(Care)를 제공하는 것이다.

또한 말기환자의 케어(Care)에 필요한 의료종사자와 자원봉사자의 교육과 의약의 연구, 사회적 · 의료적 · 건축적 환경에 대한 연구 및 개발도 호스피스의 목적이라고 할 수 있을 것이다.

이와 같이 살펴보았듯이 삶의 마지막 단계에 있는 말기환자와 가족들에게 진실을 고지하고 임종을 자연스러운 삶의 과정으로서 긍정적으로 수용하도록 하여 남은 기간을 보다 평온하고 고통스럽지 않게 해주어야 한다. 하루하루가 의미 있고 최상의 날들이 되도록 지속적인 완화요법을 통한 동통관리 및 케어(Care)의 제공과 신체적 · 정서적 · 영적 · 사회적 증상을 조절, 남은 여생 동안 의미 있고 가치 있는 시간을 갖도록 하며 가정적인 분위기 속에서 가능한 한 안전하고 품위 있게 편안한 죽음을 맞이할 수 있도록 도와야 한다. 아울러 환자가 사별한 뒤에도 가족들에게 케어(Care)를 제공하는 전인치료가 호스피스의 목적이라고 할 것이다.

호스피스(Hospice)의 대상

호스피스의 대상은 더 이상 의료적인 치료가 불가능한 환자와 그의 가족들을 포함한다. 또한 호스피스의 대상자는 질병에 의한 것이든 아니든 죽음을 앞둔 모든 사람들이 그 대상이 된다.

호스피스의 대상은 일차적으로 말기환자이다. 말기환자는 의사가 질환에 의한 객관적 증상에 우선적으로 근거하여 이치에 맞는 죽음을 예측한 경우로 HHS에서는 의학적 진단을 통하여 수명이 6개월 미만으로 예견되는 자를 말기환자로 정의하고 있다. 미국의 HCFA에서도 6개월 이내로 예견되는 말기환자를 호스피스 환자라고 제시하고 있을 뿐 특정질환에 국한하여 대상을 선정하지 않았으며 HCFA의 호스피스 대상에 관한 내용을 살펴보면 다음과 같다.

- 임종이 6개월 이내로 예견되는 환자
- 입원 당시 의식이 뚜렷하고 의사 소통이 가능한 자
- 동통 완화 및 증상 조절을 주목적으로 하는 자
- 수술, 항암 요법, 방사선 요법을 시행했으나 더 이상의 의료적 치료 효과를 기대하기 어려운 환자
- 주치의나 호스피스 담당의사가 호스피스 진료를 의뢰한 환자
- 환자의 가족 또는 친지

한편 미국의 HCFA에서는 호스피스 대상의 조건으로서 '입원 당시 의식이 명료하고 의사 소통이 가능한 자'로 제한하여(NHO) 호

스피스 프로그램의 참여를 말기환자와 그 가족의 분명한 요청에 의한다는 점을 강조하고 있다.

우리 나라의 경우에도 자기 결정을 소중히 하고 기존 의료활동과 가정간호사업과의 차별화된 서비스(신체적·정신적·영적)로 접근하기 위하여 '호스피스에 동의하는 환자', '입원 당시 의식이 명료하고 의사 소통이 가능한 자'로 제한하고자 하며, 이에 한국보건사회연구원에서는 일련의 연구를 통하여 호스피스 대상 선정 기준을 다음과 같이 제시하였다.

① 수술, 항암 요법, 방사선 요법 등을 시행했으나 더 이상의 의료적 효과를 기대하기 어려운 임종이 3~6개월 이내로 예견되는 암환자.

② 의료적 진단에 의하여 임종이 3~6개월 이내로 예견되는 경우 의료보험 급여 중에 있지 않은 고혈압성 질환자 및 뇌혈관 질환자.(즉, 가정호스피스에 한함)

③ 주치의와 호스피스 지정의사가 호스피스 대상으로 판정한 환자.

④ 위 ①~③ 항의 대상 중 개념과 철학을 이해하고 동의하는 환자.(입원 당시 의식이 명료하고 의사 소통이 가능한 자)

⑤ 위 ①~③ 항의 대상 중 아동 및 청소년(19세 미만)은 제외시킴.

호스피스는 환자의 가족 역시 간호의 단위에 포함시킨다. 이는 환자와 그 가족의 요구가 간호계획을 발전시키는 데 가장 중요한 역할을 할 뿐만 아니라 상호 작용하는 개방체제이기 때문이다. 가족 중 한 사람의 죽음은 신체적 · 정신적 · 정서적 · 경제적 및 영적으로 큰 혼란을 초래하기 때문에 호스피스는 가족들의 요구에 관심을 두고 출발해야 하며 환자가 사망한 후에도 그들의 요구를 듣고 그들의 요구에 부응할 수 있도록 해야 한다.

호스피스를 위한 열 가지 가르침

1. 호스피스 봉사자는 바른 신앙을 바탕으로 건강한 삶을 살아가야
   하며 전인적인 돌봄을 제공하기 위하여 많은 연구와 실제적인 노
   력이 필요하다.

2. 호스피스 봉사자는 바른 생각, 바른 말, 바른 행동으로 자신의 인
   격과 품위가 떨어지지 않도록 노력해야 한다.

3. 호스피스 봉사자들은 상호간에 인격을 존중해 주며 자기 자신의
   위치를 지키고 동시에 상대방의 위치를 인정하면서 맡은 바 책임
   과 주어진 권한이 무엇인지 잘 분별하여 적극적이며 실제적인 봉
   사가 효과적으로 이루어 지도록 최선의 노력을 기울여야 한다.

4. 호스피스 봉사를 통하여 물질, 명예, 권력을 얻고자 하는 유혹에
   넘어가지 않도록 자신을 각별히 살피고 조심해야 한다.

5. 호스피스는 의사, 간호사, 성직자, 봉사자, 사회사업가 등과 함께
   팀을 이루어 환자를 돌보는 일이므로 봉사자는 어려운 일을 혼자
   서 감당하려고 하지 말아야 한다.

6. 호스피스 봉사자는 환자나 가족들의 인격을 존중해 주며 그들의
   욕구를 민감하게 파악하여 구체적이고 실제적인 도움을 주도록
   노력해야 한다.

7. 호스피스 봉사를 통하여 알게 된 환자나 가족들의 비밀이나 정보
   등을 조심스럽게 취급해야 한다.

8. 호스피스 봉사자는 환자나 가족들간의 경제관계, 가족간의 갈등
   및 일반적인 사생활 문제 등에 함부로 관여하여 호스피스 봉사에
   장애가 되지 않도록 조심해야 한다.

9. 호스피스 봉사자는 봉사의 결과로 인하여 낙심하거나 교만해지지
   않도록 조심해야 한다.

10. 호스피스 봉사자는 약속을 어기지 않도록 최대한 노력해야 한다.

호스피스 자원봉사자의 역할

자원봉사자의 개념

자원봉사자(volunteer)의 원어의 뜻은 스스로 자유의사에 따라서 어떤 봉사를 제공하거나 행하는 사람 또는 남의 부탁이나 강요 받음이 없이 스스로 봉사를 제공하는 사람을 말하며, 자원봉사운동은 자발성과 연대의식을 갖고 무보수로 서비스하는 사랑의 복지활동이란 점에서 상호간의 책임, 이해, 존중 그리고 관심을 중요한 내용으로 하고 있다.

호스피스 자원봉사자의 역할

호스피스팀의 구성원 중에 비전문팀으로서 자원봉사자는 호스피스 프로그램에서 매우 중요한 역할을 하며 봉사자는 자신들의 시간을 할애하여 연민어린 보살핌과 이해로 죽어가는 환자 가족들의 신체적·영적·사회적 지지를 해주고, 그들이 겪는 외로움, 버림 받을 것 같은 느낌들을 감싸주면서 그 힘든 과정을 잘 이겨 나가도록 도와주는 것이다. 호스피스 봉사자는 어떠한 어려움이 있어도 맡은 환자를 끝까지 보살펴야 한다.

호스피스 자원봉사자의 목적

1. 전문 의료진과 협력하여 각자의 다양한 재능으로 봉사활동을 함으로써 환자와 가족들이 기쁨을 누릴 수 있도록 도와주기 위함이다.
2. 호스피스 교육의 목표를 달성할 수 있도록 전문 요원을 양성하여 인적 자원을 선용하기 위함이다.
3. 환자의 가족들에 대한 간호의 질을 향상시켜 주기 위함이다.
4. 봉사자 스스로가 인생의 과정에서 만날 수 있는 죽음에 대한 이해를 높이고 보람있는 삶을 영위하기 위함이다.
5. 호스피스에서 수행하고 있는 가정 방문, 가족 지지 등의 봉사를 통해 건전한 사회발전에 이바지하기 위함이다.

호스피스 자원봉사자의 자질

1. 성숙되고 정서적으로 안정된 사람
2. 죽음에 대한 어떤 경험이 있는 사람
3. 죽음을 일생의 한 부분으로 인정하는 사람
4. 좌절을 잘 극복할 수 있는 사람
5. 겸손한 사람
6. 유모어 감각이 있는 사람
7. 관계를 개발시키고 유지시킬 수 있으며, 전문적인 교육을 받은 사람
8. 여러 가지 비유, 종교적·문화적·상징적인 것에 대해 지식과

이해력을 가진 사람

9. 삶과 죽음에 대하여 긍정적인 태도를 가진 사람

10. 여러 분야의 사람들과 함께 일할 능력을 가진 사람

11. 1년 내에 죽음을 맞이할 사람을 갖지 않은 사람

호스피스 자원봉사자의 자격 조건

1. 동기가 좋아야 한다.

2. 포용력

3. 비밀 유지

4. 신뢰감

5. 협동심

6. 유모어 감각

7. 정서적으로 성숙

8. 따뜻함과 분별력

9. 융통성

10. 적극적인 경청술

11. 재능과 숙달

호스피스 자원봉사자 선발에서 제외되는 사항

1. 1년 이내에 근친상을 당해 상실의 슬픔이 완전히 가시지 않은 사람

2. 특정 종교의 목적으로 봉사 활동을 하고자 하는 사람

3. 죽음에 대한 호기심 때문에 흥미를 느끼게 된 사람
4. 현재 치료 중인 암 환자

호스피스 자원봉사자의 계속 교육 계획

1. 계속적인 월례교육, 정규적인 집단 회의에 참석하여 호스피스의 개념을 이해하고 임종자와 가족에게 제공되는 서비스의 범위를 이해한다.
2. 호스피스 팀의 요원으로서 자원봉사자의 역할을 이해한다.
3. 임종자의 가족을 하나의 간호단위로 이해한다.
4. 개개인에게 맞게 임종자와 그의 가족에게 질병 말기의 증상을 이해한다.
5. 암의 유형(원인, 예측, 치료방법, 부작용)에 대한 계속적인 실무 교육과 연구를 통하여 설명할 수 있어야 한다.
6. 항암 치료의 부작용으로 야기되는 불편감을 완화시킬 수 있는 방법을 설명한다.
7. 자원봉사자들이 자신의 죽음에 대해 감정과 신념을 형성할 수 있도록 설명한다.
8. 임종환자와 가족을 대할 때 죽음의 단계와 그들의 암시를 이해한다.
9. 사별과 슬픔의 과정을 이해하고 비정상적인 슬픔을 구별한다.
10. 임종환자의 일상생활의 활동을 도울 수 있는 방법을 설명한다.

11. 임종환자와 그 가족에게 도움이 되는 의사소통법을 이해한다.

호스피스 자원봉사자의 업무활동 내용

1. 침상 정리

2. 재떨이 및 휴지통 비우기

3. 식수 준비

4. 머리장 및 소지품 정리

5. 침대곁에서 돌봄

6. 환자의 소환에 응함

7. 책이나 서신, 신문 등을 읽어줌

8. 편지 써주기

9. 장기, 바둑, 공예 등을 같이함

10. 식사 나르기, 음식 먹여 주기

11. 이동시, 정원 산보시에 휠체어 운전

12. 손톱 소제

13. 입·퇴원 절차 안내

14. 기도해 주기

15. 법회예식 참석

16. 가족들 잠시 쉬도록 배려

17. 장례식 참석

18. 가족 상담

19. 개인 빨래, 아기 돌보기(가정)

20. 사무 보조

21. 호스피스 전문팀 요원에 조력

22. 가정 방문 및 환자 위안 카드 발송

23. 매월 정기 교육에 참석

24. 퇴원시 교통편의 제공

25. 퇴원 환자 가족 방문

26. 사별 가족들과의 교류

자원봉사자들을 위한 지침

1. 환자 방문시 술, 담배 냄새를 피우지 않는다.

2. 환자식이 파악될 때까지는 임의로 음식물을 제공하지 않는다.

3. 상대방 이야기를 잘 들어준다.

4. 침묵이 좋다.

5. 봉사의 주체는 환자라는 점을 명심한다.

6. 전문가 영역을 침범하지 않는다.

7. 모든 문제에 대한 답을 가지고 있어야 한다고 생각하지 않는다.

8. 물질적 선물을 주거나 받지 않는다.

9. 봉사자의 1차 접촉자는 간호사이다.

10 환자 또는 봉사자가 전염성 질환 시는 방문하지 않는다.

11 짙은 화장 향수를 쓰지 않는다.

12. 복장 검소, 활동시 가운 입고 명찰을 달고 활동하도록 한다

기타 해야 할 일

1. 봉사 후 반드시 진행 기록지에 기록한다.
2. 월말에 월 보고서를 작성한다.
3. 특별사항은 그때 그때 간호사, 봉사센터 등에 보고한다.
4. 월모임 또는 월교육에 반드시 참석한다.
5. 방문 약속을 이행치 못할 때는 사전에 연락한다.
6. 자기 관리를 철저히 한다.

가정방문시 알아야 할 사항

1. 안전에 관한 사정
   - 음식, 물, 냉장고
   - 협조적인 장치
   - 바퀴벌레 혹은 곤충
   - 장벽, 기능적 장애
   - 가동이나 장비의 저장

2. 사회적 지지
   - 돌보는 사람의 확인
   - 가족이 곤란한 일을 찾는다.
   - 개인이나 집안 살림의 유지

3. 기 구

- 필요한 것을 적당히 충족하고 있는가?
- 적당한 장소에 고정되어 있는가?
- 안정성, 환경, 기능
- 사용 관찰

4. 장비의 불가능 및 고장

- 지원
- 필요로 할 때 지원체계와 환자가 연락 가능한 정도 유무(有無), 응급 전파
- 산소 여부
- 응급 처치를 할 수 있는 절차와 인력의 유무(有無)

5. 약품의 저장과 약물의 안정성

- 정확한 약품명과 사용기한의 표시
- 손상 유무(有無)

6. 처 치

- 의사와 조정자의 서면 지시
- 청결성
- 사용을 위한 준비 및 저장
- 쓰레기(예: 바늘)

- 절차 혹은 준비에 관한 지시 및 교육지

7. 의사소통
- 환자가 자기 간호를 할 수 있는지 여부
- 기대되는 사회적 신체적 기능
- 구성원들의 방문
- 환자 · 가족의 위기 대처

맺음말
- 호스피스 자원봉사자는 진정 참사랑이 무엇인지 알고 있으며, 나눔의 참 기쁨에 맛들인 사람들이며, 우리에게 맡겨진 죽어가는 환자인 내 이웃의 가장 가까운 위치에 서서 그들을 따뜻이 돌보는 사람이다.

더욱 아름다운 나를 위하여

아가의 눈처럼 순수한 눈빛으로 별처럼
맑은 향기로 늘 침묵의 기도를 하여라.

움직이고 일하는 것 지극히 고요함과
온유함 속에서 늘 행하여라.

어떤 모양이든지 큰 소리로 말하지 말며
많은 말로 주위를 산만하게 만들지 말아라.

필요하여 꼭 말을 해야 한다면
부드럽고 온화한 표정으로
들어서 기쁜 목소리로 말하여라.

남의 허물이 보이면 먼저 자신을 비추어 보고
항상 자신의 내면을 깊이 살피어

감정과 감정이 부딪치는 소리에 늘 깨어 있어라.
모두를 위하여 기도하여라.
늘 아름다운 마음과 말로써 자신을
더욱 아름답게….

환자를 위한 불교 기도집

초판발행 2002년 12월 27일
초판 2쇄 2006년 4월 27일

엮고 지은이 능행
펴낸이 박인출(慧潭至常)

펴낸곳 불광출판사
138-844 서울 송파구 석촌동 160-1

등록번호 제 1-183호(1979. 10. 10)

대표전화 420·3200
편 집 부 420·3300
전   송 420·3400

ISBN 89-7479-554-X
http://www.bulkwang.org

● 잘못된 책은 바꾸어 드립니다.
값 9,000원

이 책의 판매 수익금은 전액 말기환자를 위한 관자재 병원 건립에 쓰여집니다.